El telón de Picasso

Marcelo Donato

El telón de Picasso

Buenos Aires, Argentina - Los Ángeles, USA
2020

El telón de Picasso

ISBN 978-1-944508-25-8

Ilustración de tapa: Telón para *Parade* de Pablo Picasso.
© 2020 Estate of Pablo Picasso / Artists Rights Society (ARS), New York

Diseño de tapa: Argus-*a*.

© 2020 Marcelo Donato

All rights reserved. This book or any portion thereof may not be reproduced or used in any manner whatsoever without the express written permission of the publisher except for the use of brief quotations in a book review or scholarly journal.

Editorial Argus-*a*
16944 Colchester Way,
Hacienda Heights, California 91745
U.S.A.

Calle 77 No. 1976 – Dto. C
1650 San Martín – Buenos Aires
ARGENTINA
argus.a.org@gmail.com

Para Magalí, Maren y Maite

ÍNDICE

Prefacio	i
Prólogo	1
El viernes 20 de febrero de 1981…	7
Primera parte: Cajas chinas en París	11
1-Margaretha Geertruida Zelle Mac Leod. París, verano de 1905	13
2-Elvira Agostinelli de Guzmán. Buenos Aires, otoño de 1918	27
3-Génesis de un ballet. Roma-París, 1917	31
4-*Parade*	41
Segunda parte: Arturo Jacinto Álvarez	53
5-Se dice de mi…	55
6-El cuestionario de Proust	71
7-El telón de Picasso	73
Tercera parte: La verdadera historia	87
8-El misterio Arturo	89
9-Habla el telón	95
Cuarta parte: Secretos y mentiras	97

10-Pacheco, la Fundación Picasso y Villano   99

Agradecimientos   105

Bibliografía   107

Notas   111

Prefacio

Después de leer dos artículos sobre Arturo Jacinto Álvarez, no recuerdo en qué orden, uno redactado por María Moreno para el suplemento Radar de Página 12 y otro por Hugo Becaccece para La Nación, se me ocurrió indagar sobre la relación entre este personaje y el telón que Picasso realizó para el ballet *Parade*. Traté de entrevistar a ambos para obtener más información, pero sólo pude reunirme con Becaccece, el autor de *Arturito, El príncipe ignorado*. No es casualidad que su autor haya sido nombrado Miembro de la Academia Argentina de Letras: con el talento y la sensibilidad que lo caracteriza, Becaccece crea un artículo que alimenta nuestra curiosidad y nos anima a penetrar más en profundidad en la historia de Arturito. Él me indicó además el camino a seguir, poniéndome en contacto con otro miembro de la Academia, Jorge Cruz y con Roberto del Villano, exdirector del Museo de Arte Moderno de Buenos Aires, quienes conocieron a Arturo y me otorgaron información sobre la última etapa su vida.

Como escenógrafo me intrigaba también la creación de *Parade*, una obra en la que confluyen varios personajes que admiro: Erik Satie, creador de *Las gymnopedies*, Jean Coctau, artista multifacético tan hábil con la pluma como con el pincel y la cámara cinematográfica y Serge Diaghilev, creador del prototipo del empresario artístico contemporáneo.

Creo que cada obra de arte es el producto de una época y heredé el hábito de relacionar diferentes hechos históricos con productos artísticos de mi pasaje por la universidad. Por eso me pareció importante ubicar la primera guerra mundial para contextualizar *Parade* y qué mejor que hacerlo a través de Mata Hari, un personaje que Arturo cita en *Esvén*, aunque solo a través del film en el que Greta Garbo encarna la misteriosa bailarina.

Gracias a las investigaciones realizadas para escribir *Entre bambalinas*, mi primer libro, Cocteau y Diaghilev ya me eran familiares, solo tuve que profundizar el período de preparación de *Parade*.

La información la recogí básicamente en tres ciudades: Ottawa, Buenos Aires y Metz. Ottawa, la ciudad donde resido actualmente, cuenta con una nutrida biblioteca pública vinculada a una red que reúne a todas las bibliotecas de América del Norte. Allí encontré varias obras sobre Mata Hari, Jean Cocteau, los Ballets Rusos y la exhaustiva biografía de Picasso de John Richardson con las que redacté la primera parte del ensayo. Contacté por correo electrónico a la compañía de danza estadounidense *The Joffrey Ballet* para indagar acerca de la escenografía y vestuario utilizados en las reposiciones de *Parade* que ellos montaron en los años '70. En el año 2014 inicié la transmisión de un programa de tango que bauticé *Perspectango* en una radio multicultural local. Las lecturas realizadas para preparar cada emisión me sirvieron para dar un marco al capítulo donde recreo el encuentro entre los padres de Arturo, particularmente el estreno del tango *Mi noche triste* en el sainete *Los dientes del perro*.

En el año 2012 viajé a Metz para ver la exposición *1917* donde por primera vez me encontré cara a cara con el telón de Picasso. Allí obtuve el programa y el catálogo de la exposición donde recabé más información sobre el origen del ballet. Traté de contactar el Centro Georges Pompidou sin mayor éxito.

En Buenos Aires hice las entrevistas y consulté las obras literarias en las que Arturo aparecía (concreta o veladamente): *El común olvido* de Sylvia Molloy, *Invitados en El Paraíso* de Manuel Mujica Láinez y *Luz era su nombre* de Silvia Moyano del Barco.

Tardé unos tres años para poder reunirme con dos libros de Arturo: *Esvén* y *Un almuerzo sagrado,* que solamente se encuentran en mercados de objetos usados. Hace mucho tiempo aprendí a no rendirme ante la frase "está agotado", tan común en las librerías de Buenos Aires. *Esvén* estaba agotado y si bien dos editoriales, una española y otra argentina, habían manifestado el deseo de volver a publicarlo, ninguna había procedido a hacerlo.

También visité la hemeroteca del Congreso Nacional (en un período en el que la Biblioteca Nacional estaba cerrada por trabajos) para ver los periódicos de Buenos Aires que comentaron la exposición *La pintura francesa —de David a nuestros días—* y contacté a la biblioteca del Museo Nacional de Bellas Artes donde obtuve la información de la revista *Sur* sobre la muestra, un artículo escrito por el crítico de arte Julio E. Payró. Visité la Biblioteca Nacional después de su reapertura para consultar otra obra de Arturo, *Evocación de La Soledad* y me reuní además con el texto de Marcelo Pacheco, *Arturito Álvarez, dandis y coleccionismo*.

Cuando pensaba que *El telón de Picasso* estaba terminado recibí un correo electrónico del Centro de documentación de la Fundación Picasso de Málaga. Por este medio el Dr. Carlos Ferrer Barrera me facilitaba informaciones que desconocía publicadas en el libro *Parigi era viva*, un texto de Gualtieri de San Lazzaro que conseguí tiempo después. En estos días que ya termino el texto definitivo me entero que la directora de una galería de arte de la Vía Margutta en Roma, Valentina Moncada, publicó una obra al percatarse que su abuelo le había alquilado a Picasso un lugar para que trabajara en el enorme telón: un taller del antiguo complejo de los *Studio Patrizi*. Cada información nos abre un nuevo panorama y está en nosotros ponerle punto final en el momento que creamos conveniente.

¿Qué me interesaba más? ¿La fascinante vida de Arturo o la historia del telón? Creo que ambos atraían mi imaginación con la misma fuerza. Siempre me ha interesado tratar de recomponer y traer a la vida seres o cosas que están en peligro de desaparición. No me puedo explicar cómo se olvidan tan fácilmente escritores otrora famosos, cuál es el tamiz que hace que unos perduren y otros se olviden, además del obvio del virtuosismo y la calidad de su trabajo. Así que quise recordar a Arturo, hacerle un homenaje a ese personaje que se iba desdibujando en el tiempo, antes de perderlo completamente. El telón y Arturo para mi estaban enlazados en una especie de danza macabra. Algunos dicen que vendió uno de sus campos para adquirirlo, versión que él mismo se ocupó de negar. No sabemos si fue cierto o no, pero en mi mente, ambos estaban ligados en una comunión anunciada por un extraño presagio.

Como escenógrafo me parecía interesante dar a conocer al gran público cómo se genera una obra de arte, en este caso particular, un ballet y una pieza del decorado. Ahora bien, como artista creo que cada una de nuestras obras es algo así como un hijo, nuestro legado a la humanidad. Por eso abordé el telón como el sujeto de este ensayo. Un telón que, como nosotros, nace, tiene una vida útil y se transforma o muere.

Cuando afronté el trabajo sabía que me encontraba frente a pocos datos de la vida de Arturo por un lado y abultada información acerca de la creación del telón por el otro: sabía que tenía que incurrir en un género híbrido. Podía recrear sin problemas la historia del telón desde su nacimiento en 1917 hasta 1939 y a partir de 1953 hasta nuestros días. Pero las informaciones obtenidas sobre el período que el telón estuvo en Argentina eran escasas y a menudo contradictorias, hecho que él mismo Arturo fomentó al contar de manera diferente algunos hechos y capítulos de su vida. Lo que podía hacer era esbozar un perfil lo más cercano a la realidad posible, con mi imaginación como motor, limitada solamente por los frenos que la razón me imponía. Queda al lector juzgar el contenido y completar el círculo iniciado en este texto.

Prólogo

Picasso, Arturo Jacinto Álvarez y Gualtieri di San Lazzaro: en torno al telón de *Parade* (1917)

Una de las facetas más fascinantes de la obra de Picasso es su capacidad para forzar las puertas a nuevos caminos y arrastrar por ellos a varias generaciones de artistas. Así sucedió cuando plantó la semilla del cubismo, posteriormente cuando varió el rumbo hacia los lenguajes clásicos poco antes de la Gran Guerra y, ya en los años veinte, cuando atrajo a su terreno a los jóvenes surrealistas.

Tiene Picasso, además, un sentido privilegiado de la ubicuidad, o cuando menos una fortuna crítica proverbial en este sentido. Hábil como ninguno a la hora de encontrarse en el punto donde va a suceder el acontecimiento que modifique el rumbo de la historia, la interpretación exacta de sus obras, giros, metamorfosis y máscaras se desliza entre nuestros dedos como el sol del atardecer.

Y, como no podía ser de otra forma, en el caso del telón de *Parade* sucede que Picasso se cruza e impregna la historia de un coleccionista argentino al que nada le une a priori: Arturo Jacinto Álvarez, conocido como Arturito. Pero también la de Gualtieri di San Lazzaro, un galerista, escritor y crítico italiano, llegado a París con la intención de hacerse un hueco en los círculos culturales de la capital francesa y que se convertiría en uno de sus principales editores con las revistas *Chroniques du Jour* y *XXe Siècle*, y sus libros ilustrados con originales de los artistas más destacados del momento.

Una de las grandes revoluciones escénicas del siglo XX fue el ballet *Parade*, tal como lo definió Raymond Cogniat en el número homenaje a Picasso de la revista *XXe Siècle* en 1971. Su éxito histórico se debe fundamentalmente a la audacia de Jean Cocteau quien, en un momento en que Picasso comenzaba a encontrarse desubicado tanto entre los círculos vanguardistas como entre los más tradicionalistas del arte parisino, consiguió atraerlo para colaborar con los Ballets Rusos de Serguéi Diáguilev. Picasso participó de buena gana con aquel elenco de creadores como el propio Cocteau o Erik Satie, que se encargaron del libreto y la música respectivamente. Picasso viajó con ellos a Italia y el resultado fue una fructífera gira donde pudo beber de las fuentes de la Antigüedad en Pompeya y del Renacimiento en Roma. Diseñó los figurines y el escenario en un estilo acorde con las novedades que se habían producido en las artes plásticas, además del célebre telón de boca, cuyos elementos guardan ecos del realizado por Bernardo Ferrándiz, amigo de su padre, para el Teatro Cervantes de Málaga en 1870.

Dentro de la obra de Picasso, el telón de *Parade* ha sido ubicado en el llamado periodo clásico, una suerte de acotación que entiende el clasicismo picassiano como una cuestión estilística temporal y cerrada, cuando lo cierto es que la lección del arte del pasado siempre estuvo presente en su obra. Pero también va en paralelo, y a veces entremezclado, con la deriva tardocubista que tuvo lugar en la segunda mitad de los años diez. Por tanto, desde esta doble vía puede entenderse el desarrollo bifronte de las aportaciones de Picasso al ballet.

La escena planteada en el telón es una muestra de su capacidad para asumir lenguajes, temas y personajes de procedencia diversa y hacerlos partícipes de una armonía conjunta con una conexión no siempre evidente. Lo que llama la atención de su iconografía es, en primer lugar, su enmarcación con pesados cortinajes rojos que envuelven la escena, creando una falsa sensación de profundidad y haciendo un trampantojo con la función misma del telón. Es decir, funciona como si no estuviera ahí y nos dejase ver a los actores mientras se preparan en el escenario.

Los personajes que se acumulan en el centro son una amalgama de referencias mediterráneas, muy típicas del teatro y del ideario picassiano: un arlequín en primer plano, un marinero acompañado de una joven con sombrero, un segundo arlequín (¿el propio Picasso?), un sirviente con turbante y un torero con guitarra que ensaya relajadamente mientras todos observan a la amazona alada preparar su número sobre una yegua también alada, junto a un simio subido a una escalera. De fondo, unas ruinas que recuerdan a las de Pompeya que Picasso acababa de visitar.

El carácter circense de algunos elementos guarda la extraña esencia del Picasso rosa, como el tambor, la pelota para las acrobacias o la tierna escena maternal de la yegua con su cría. E incluso el perro, acompañante fiel de las familias de saltimbanquis picassianas y del propio artista. Todos, humanos y animales, forman una gran familia errante pero unida, que disfruta o sufre en común las alegrías o desgracias de cada integrante. Como en 1905, aunque despojado de aquella melancolía condescendiente.

Fue el propio Picasso quien ejecutó la pintura del telón, aunque debido a sus dieciséis metros de largo y diez y medio de alto, además de 40 kg de peso, fue ayudado por un grupo de asistentes. Pero la historia personal de cada obra de arte siempre excede a su proceso de ejecución.

Desconocemos por qué colecciones pasó hasta llegar a manos de Arturito, y especialmente los detalles en torno a la compra por parte del Estado francés. Posiblemente quedara en los fondos de los Ballets rusos al cuidado de Borís Kochno y para luego pasar al galerista Pierre Colle como afirmó el argentino en una entrevista (*La Nación*, 29 de enero de 2006), pero son escasas las referencias a la procedencia de esta obra en la bibliografía picassiana. Por ello cuando recibí la consulta de Marcelo Donato, solo la casualidad y los complejos mecanismos de la memoria me llevaron a la breve mención que se hacía en los escritos de San Lazzaro.

Y a falta de más detalles, nos quedamos con que el editor y marchante italiano participó de alguna manera salvando el telón de su destrucción parcial, tal como apunta Joyce Reeves en el número 15 de *XXe Siècle* (1960). ¿Pudo ser cierto que el propietario pensaba cortarla para poder disfrutarla en casa, o tal vez se trataba de una exageración piadosa sugerida por los intermediarios para acelerar su compra por parte del Estado francés? Queda ahí una de las grandes preguntas que los investigadores deberíamos responder en un futuro.

Picasso nos abre, una vez más, una pequeña puerta para conocer mejor a Arturo Jacinto Álvarez, y este nos da una pista sobre el telón de *Parade*. El protagonismo de San Lazzaro en su recuperación permitió seguramente que hoy pueda conservarse en el Centre Pompidou. Y Marcelo Donato pone ahora a nuestra disposición muchos de estos detalles con esta biografía. Porque no se trata únicamente de una porción hilada de historia, sino de hacer justicia con un promotor cultural injustamente olvidado. De recuperar la aportación de Arturito.

Dr. Carlos Ferrer Barrera
Fundación Picasso, Museo Casa Natal

Parade es mi mejor botella de vino. No me gusta abrirla muy frecuentemente.

Serge Diaghilev

El telón de Picasso

El viernes 20 de febrero de 1981 el Teatro Metropolitan de New York repuso el ballet *Parade* de Erik Satie. Luego del estreno se realizaron seis réplicas. La obra se repuso el 6 de diciembre de 1982 en otra breve temporada. En vez de usar la escenografía original de Pablo Picasso, el director de producción del Metropolitan de 1974 hasta 1981, John Dexter, junto a Gregory Evans, decidió hacer una nueva co-producción, con un director de orquesta francés, Manuel Rosenthal que, por primera vez, dirigía la orquesta del Metropolitan a los 76 años de edad y un escenógrafo inglés, David Hockney en un triple programa que reunía el ballet a dos óperas breves: *Las tetas de Tiresias* de Francis Poulenc, ópera bufa por excelencia y *El niño y los sortilegios*, una obra maestra de Maurice Ravel.

Tuve la fortuna de asistir a este programa y aún hoy, casi 40 años después, recuerdo esta puesta, más por los colores fosforescentes de *El niño y los sortilegios* y la desfachatez del texto de Guillaume Apollinaire que inspira *Las tetas de Tiresias* que por algún rasgo de *Parade*. *El niño y los sortilegios* me atrajo sobretodo por su colorido. Nunca volví a ver algo similar en la ópera, fue la primera y única vez en la que un torrente de color irrumpió ante mis ojos en un desfile de objetos y personajes que aparecían de los lugares más disímiles del teatro en un delirio que parecía no tener fin. Era la tercera escenografía para ópera de Hockney, luego de *El progreso del libertino* (Glyndebourne festival, 1975) y *La flauta mágica*.

Hoy las circunstancias hacen que vea las cosas de un modo diferente, desde el día en el que me enteré de que el famoso telón que Picasso había pintado para el ballet *Parade* no solo había visitado nuestro país, Argentina, sino que un rico coleccionista lo había adquirido en los años 30 o 40. En 1953 el telón viajó a Roma en calidad de préstamo para ser exhibido en un homenaje a Picasso. Allí fue redescubierto por especialistas, quienes movilizaron curadores de los grandes museos europeos para intentar que el telón permaneciera en Europa. Francia hizo una oferta interesante y el telón nunca retornó a nuestro país. La historia me pareció merecedora de un relato y es así como nace este libro.

El telón de Picasso se exhibió en el Centro Pompidou en la primavera de 1991, en el Drawing Center de Nueva York ese mismo año y luego en Barcelona, del 19 de noviembre del año 1996 al 23 de febrero de año siguiente, en la muestra *Picasso y el teatro*. Se volvió a mostrar después en 1998 en el Palazzo Grassi, sede cultural de la Fiat en Venecia, como la pieza más importante de la muestra *Picasso (1917-1924)*. En el año 2001 el telón volvió a América Latina, esta vez a San Pablo, Brasil (OCA del parque Ibirapuera), en una muestra sobre el arte del siglo XX organizada por el Centro Pompidou. Tres años después el telón se exhibió en Ottawa (*National Gallery of Canada*) en la muestra *La Grande Parade, Portrait de l'artiste en clown* del 25 de junio al 19 de septiembre. La exposición fue organizada en conjunto con la *Réunion des musées nationaux-Grand Palais* y se presentó primero en París, donde el telón no formó parte de la muestra. Desde Ottawa el telón viajó a Hong Kong, donde lo visitaron cincuenta mil personas por día del 14 al 31 de octubre.. En esta oportunidad el presidente de Francia, Jacques Chirac, develó el telón el día 12 de octubre. Y se desplegó nuevamente en el año 2012 en la muestra *1917* del Centro Pompidou de Metz, donde tuve la oportunidad de verlo. Esta exhibición ofrecía una vista panorámica de Europa antes de comenzar la Primera Guerra Mundial. Como dato insólito recuerdo que, entre todos los objetos exhibidos, había uno solo en lengua española. Me acerqué curioso para ver de qué se trataba. Era un mapa de una parte de Argentina que mostraba el ferrocarril inglés que unía Buenos Aires con diversas poblaciones del interior entre las cuales estaba Coronel Brandsen. Me quedé perplejo. En este pueblo, que ya podemos llamar ciudad, pasaron la mayor parte de sus vidas mi padre y mi madre. Un tren emblemático para mí, que siempre me he desplazado en transportes públicos, un eslabón que une dos centros donde he transcurrido veinte años de mi vida, divididos en partes iguales; los diez de mi infancia en Brandsen y otros diez años antes de cumplir los cincuenta, en Buenos Aires. La existencia intermitente de este tren hasta el día de la fecha decide la organización de mis viajes cada vez que visito mi país.

Este ensayo habla del teatro y de la danza. Comienza con una bailarina, Margaretha, y se cierra con un dandi, Arturo. Entre estos dos puntos, al centro de este libro hay una coreografía que cambió el curso de la danza: *Parade*. Un punto de inflexión en la historia de esta disciplina. No fue muy exitosa, aunque si afirmamos esto entramos en el pantanoso terreno de los criterios del éxito que dividen a tantos teóricos. Prosigamos entonces: un ballet y un par de seres humanos. Los unía un rasgo muy particular, algunos dirán falta de memoria, otros quizás preferirán calificarlos como seres con un alto grado de creatividad y un último grupo los tildará de mentirosos. Él era de Acuario, ella de Leo. Él mentía porque quería sentirse parte de algo, ella porque no soportaba oír dos veces el mismo relato. Alrededor de ambos se creó la leyenda de sus vidas donde la realidad y la fantasía se enredaron en un confuso vórtice de hechos. Ella lo pagó con su vida, él con su razón.

Como dice Javier Marías en su obra *Mañana en la batalla piensa en mí*:

> Vivir en el engaño o ser engañado es fácil, y más aún, es nuestra condición natural: nadie está libre de ello y nadie es tonto por ello, no deberíamos oponernos mucho ni deberíamos amargarnos. Lo que nos cuesta, lo malo, es que el tiempo en el que creímos lo que no era queda convertido en algo extraño, flotante o ficticio, en una especie de encantamiento o sueño que debe ser suprimido de nuestro recuerdo; de repente es como si ese período no lo hubiéramos vivido del todo, ¿verdad?, como si tuviéramos que volver a contarnos la historia o a releer un libro, y en-

tonces pensamos que nos habríamos comportado de distinta manera o habríamos empleado de otro modo ese tiempo que pasa a pertenecer al limbo. Eso puede desesperarnos. Y además ese tiempo a veces no se queda en el limbo, sino en el infierno.[1]

Mi tarea es la de tratar de salir del infierno y trazar la historia de uno de los elementos que conformaba la escenografía del ballet *Parade*, el telón de boca que Picasso pintó en 1917.

Primera Parte

CAJAS CHINAS EN PARÍS

1- Margaretha Geertruida Zelle Mac Leod
París, verano de 1905

Las luces se apagaron en el salón de la Baronesa Kireevsky. Sesenta aristócratas estaban sentados en un teatro improvisado ansiosos de ver el espectáculo. Un gong rompió el silencio y se iluminó la primera antorcha. Se abrió el cortinado negro y los presentes pudieron divisar el cuerpo de una mujer recostado en el piso de una gruta sagrada. Se encendió la segunda antorcha y luego una tercera. Cada antorcha que se iluminaba estaba más próxima al escenario donde Margaretha yacía en una pose sacada de una pintura de Paul Baudry. Se la veía apenas, mejor dicho, se la adivinaba, debajo de velos dorados y relucientes joyas.

Su respiración serena creaba un ligero movimiento en las telas y las piedras. Esta pulsación generaba destellos mortecinos a lo largo del cuerpo de la bailarina: un rito misterioso, una ceremonia secreta del sudeste asiático estaba por manifestarse ante los ojos ávidos de un puñado de cultivados voyeurs.

Cuando sonaron las primeras notas de la cítara, ella comenzó sus pausados desplazamientos: elevó sus brazos contorsionándose como un reptil. Sus movimientos eran sinuosos y lentos. No fue posible percibir en qué momento pasó de su postura acostada a la posición erecta, ya que sus miembros entrelazados y las contorsiones del torso producían un efecto hipnotizador que adormecía la razón y despertaba los instintos. De pronto su marcha se aceleró y, a las contorsiones, se sumaron espasmos que sacudían sus miembros en movimientos calculados, siguiendo una cartografía de seducción y extrañeza.

Los velos que cubrían delicadamente partes de su cuerpo se agitaron y empezaron a desprenderse como las hojas de un árbol ante la brisa. Los espectadores ignoraban la cantidad de capas de velos y el ritmo de la espera se hacía cada vez más acuciante. Cayeron uno tras otro, hasta dejar a Margaretha casi desnuda, con una bikini ornada de tiras de piedras preciosas que caían en secciones de óvalos concéntricos. Era la primera vez que se veía en un salón parisino una danza de las Indias Orientales. Nunca se había contemplado tanto exotismo y desnudez enlazados en una danza ritual de matices religiosos. Los espectadores quedaron hipnotizados, incapaces de discernir si lo que habían visto era una ilusión óptica, un sueño o una realidad. Era una de las últimas noches del tórrido verano de 1905. Entre el público había ministros, militares, diputados y senadores, industriales, banqueros y artistas. Cuando la bailarina reapareció entre los espectadores a disfrutar los platos exquisitos y el champagne que generosamente ofrecía la baronesa, acaparó la atención tanto de los hombres que halagaban sus dotes naturales como de las mujeres que lisonjeaban sus habilidades artísticas. Era la primera noche que ella se sentía plenamente feliz en sus treinta años de ajetreada vida.

La habitación 327 del Grand Hotel de París donde vivía se llenó de flores y tarjetas. Pasadas las primeras horas no hubo más lugar en la alcoba donde ubicar tantos obsequios. Las flores seguían llegando y se alineaban en el corredor del piso del hotel, mientras las tarjetas flanqueaban la puerta. Entre estas, la bailarina extrajo solamente las más prometedoras, de artistas e intelectuales que la invitaban a bailar en sus salones. Entre las ofertas se destacaba la de Émile Guimet, quien, muy interesado en las artes orientales, la convocaba a exhibirse en el museo que aún hoy lleva su nombre. Su sueño se estaba haciendo realidad.

El 18 de octubre llegó a París la cita anual más esperada de las artes plásticas, el Salón de Otoño. En esta tercera edición se presentaron 1625 obras en el Gran Palais. El presidente de la República, Émile Loubet, había rechazado la oferta de inaugurar el salón: le habían llegado comentarios de la participación de obras "inaceptables". La sala VII de la muestra fue la más osada: allí se pavoneaban espantadas las damas de la sociedad frente a la *Mujer con sombrero* de Matisse y el *León hambriento atacando a un antílope* de Rousseau. Los fauvistas habían acaparado la atención de los críticos, que se dividían en dos grupos irreconciliables. El que contaba con más simpatizantes se preguntaba donde había ido a parar el *savoir-faire* y consideraban la muestra ofensiva. Sus oponentes, en cambio, abrazaban los cambios y daban la bienvenida a este grupo de artistas que traía una brisa fresca, lúdica y amoral en su desenfado cromático y formal.

Y llegó el invierno y finalmente Margaretha bailó en el Museo Guimet. El 13 de marzo de 1906 realizó la anhelada presentación ante cien espectadores, entre los cuales había periodistas de los medios más importantes nacionales y extranjeros. Aquí la escenografía era más elaborada. Una imagen de la divinidad Shiva en un templo colmado de flores era la meta donde Margaretha iba a entregar su sacrificio... y sus velos. Cuatro acólitos acompañaban sus movimientos enfundados en austeras togas negras, mientras ella ostentaba las sedas, las vestiduras doradas y exóticas piedras de colores que cubrían someramente su cuerpo. Sobre su negra cabellera un áureo tocado otorgaba un aire más exótico aún a la bailarina. Los críticos la aclamaron, nadie dudaba de su profundo conocimiento de las danzas rituales orientales.

Ella empezó a usufructuar esa fama, seduciendo a los admiradores más ricos para obtener grandes beneficios. La pluralidad no le asustaba, así que sus ganancias aumentaron en progresiones geométricas. Del Grand Hotel se mudó a un departamento del edificio número 3 de la Rue Balzac. Antes de mudarse decoró y redecoró cada centímetro de la morada en idas y venidas que acabaron con la paciencia de los obreros y torturaron la inventiva de los decoradores. Había contratado además cuatro personas a su servicio: una cocinera, un chofer, una especie de secretaria personal y un cochero para su carruaje de cuatro caballos. Sus gastos excedían sus ingresos, pero para ella ese era un detalle sin importancia. Ofrecía fiestas con costosos vinos y platillos. Compraba conjuntos de collares, brazaletes y tocados de rubíes para futuras presentaciones porque nunca repetía sus vestuarios. Hay que reconocer que sus oportunidades crecieron al ritmo de sus gastos: en agosto el teatro Olympia estuvo a sus pies, gracias a Gabriel Astruc, su flamante representante, que negoció sus espectáculos de danza con una habilidad exacerbada, solicitando cachés cada vez más abundantes. Siguieron presentaciones en Madrid, Berlín y Viena, pasando por Montecarlo, donde bailó en el estreno de la ópera *El rey de Lahore*, de Jules Massenet, el primer éxito del compositor, que quedó encantado (y obsesionado) con la musa danzante.

En Viena, sin embargo, los periodistas atisbaron las primeras dudas sobre la autenticidad de sus danzas. Ella no ayudaba, ya que contaba a cada periodista una versión diferente de su vida: detestaba la monotonía y brindaba informaciones diferentes a cada uno de los corresponsales que la interrogaba. Abandonó su lujosa demora de la rue Balzac para instalarse en los grandes hoteles de cada capital que visitaba.

La política era la última de sus preocupaciones. Sin embargo, en los salones de su amiga, la baronesa Kireevsky, se comentaban los hechos relevantes de un mundo convulsionado: el Domingo Rojo de San Petersburgo y los amotinados del acorazado Potemkim.

Al retornar a París después de un viaje a Egipto y otro a Berlín, el panorama de la ciudad luz había cambiado. Por un lado, Francia y Alemania se enfrentaban por las colonias africanas. Francia había cedido parte del Congo para quedarse con Marruecos, pero este acuerdo decidido por jefes de estado había dejado descontentas a las poblaciones de ambos países.

Con respecto al teatro y a la danza, el ritmo de las modas en la capital era vertiginoso. En 1907, apenas dos años después de la primera presentación de Margaretha, Colette se desnudaba en el Moulin Rouge y hasta en el Teatro del Châtelet había un desnudo parcial en la puesta en escena de la ópera *Salomé*. Esta composición de Richard Strauss basada en la obra de Oscar Wilde había horrorizado a más de un espectador. En la ópera Herodes le promete a Salomé cualquier cosa a cambio de bailar la danza de los siete velos. En la coreografía la bailarina se va quitando los velos hasta quedar completamente desnuda. Salomé la baila, se desnuda y pide luego la cabeza de Juan el Bautista en una bandeja de plata. La historia bíblica combinada al erotismo y la veta criminal horrorizaron al público burgués que habitualmente concurría a Châtelet.

Mientras tanto un escritor de 38 años, conocido por una traducción de *La Biblia de Amiens* de John Ruskin, quedaba completamente fascinado por el chofer que había contratado para viajar a Normandía, un tal Alfred Agostinelli. El escritor había publicado *El placer y los días* en 1886, una obra no muy bien acogida por la crítica. Estaba escribiendo su segundo libro, *Jean Santeuil*, pero lo abandonó en 1899 por no poder resolver la trama. Decidió entonces dedicarse a traducir obras de autores ingleses que admiraba mientras se reponía de la depresión causada por su fracaso literario, agravada por la desaparición de su padre en 1903 y su madre en 1905. En 1897 se había batido a duelo con Jean Lorrain, otro escritor que había cuestionado públicamente en el *Journal* sus relaciones con un tercer escritor, Lucien Daudet. Afortunadamente los dos sobrevivieron. Lo más sorprendente era que Jean Lorrain era un dandi abiertamente gay. ¿Estaba molesto porque su rival no hablaba públicamente de su sexualidad? El escritor en cuestión, que se llamaba Marcel Proust, tenía una relación con otro artista, Reynaldo Hahn. Este último personaje también era poco consecuente, ya que en sus cartas criticaba a ciertos homosexuales y a la homosexualidad en general. Conductas que reflejan algo de inseguridad en la cuestión de expresar abiertamente su sexualidad en la ciudad seguramente más preparada en la época para escuchar discursos transgresores.

En mayo de 1909 los ballets de Serge Diaghilev eran el centro de atracción de la ciudad luz. En 1911 presentaron *Petrushka*, una coreografía de Michel Fokine donde se lucía Vaslav Nijinsky, orgullo y objeto de deseo del grande Serge. Nijinsky había sido estrella del Teatro Mariinski. Era común en la Rusia imperial que bailarines de bajos recursos se convirtieran en amantes de sus protectores, aún entre los bailarines heterosexuales. Este era el caso de Vaslav, que se entregó a su protector a cambio de convertirse en uno de los bailarines más importantes de todos los tiempos.

El 29 de mayo de 1911 los ballets rusos volvieron a dar que hablar. Nijinsky bailó *La siesta del fauno,* una coreografía que había creado sobre la composición de Claude Debussy. No sólo molestaron al público los extraños movimientos del fauno, que no respondían a los lenguajes coreográficos que estaban habituados a ver, sino el alto contenido erótico de la pieza, que irritaron al mismo Debussy. Nijinsky había creado una serie de posiciones estáticas enlazadas por movimientos mecánicos de las manos y los brazos que concluían con una masturbación. Serge sabía que el escándalo era generador de fama y de divisas: todos querían ver con sus propios ojos para poder juzgar objetivamente al ballet... Es así como en 1913 vuelven a dar que hablar con el montaje de *La consagración de la primavera.* Esta vez traían dos novedades: una era la partitura de Igor Stravinsky, con disonancias difíciles de digerir por los oídos conservadores y otra la primera creación coreográfica de Nijinsky, que dejó boquiabiertos a los amantes del ballet tradicional. El bailarín hasta ahora había solamente danzado y esta era su primer trabajo coreográfico.

En fin, las danzas de Margaretha ya no eran una novedad. Ella quiso trabajar con Diaghilev y viajó a Montecarlo para conocerlo. Serge estaba muy ocupado y le pidió a León Baskt, su escenógrafo y vestuarista, que la entrevistara. La cita duró poco, León le dijo:

—Desnúdese, por favor.

Margaretha obedeció sin cuestionarlo. Cuando terminó de quitarse la ropa, Baskt, que estaba mirando un dibujo, levantó la vista y le ordenó

—Puede vestirse.

Ella acató la orden y se marchó ofendidísima.

Astruc, que era el representante de ambos artistas, estaba muy ocupado y no tenía tiempo para oír los lamentos de Margaretha: había solicitado al famoso arquitecto Aguste Perret la creación de un novedoso teatro en la avenida Montagne, el teatro de los Champs Elysées, y allí depositaba todas sus energías. De todos modos, el hombre comprendió la situación de la diva, la de una estrella en caída libre, y le consiguió nuevos contratos, de menor talla, pero no por eso menos dignos. Es así como Margaretha se mantuvo en cartelera durante 1913 en el Folies Bergère, haciendo *La revue en chemise* y además actuando en el cine Gaumont, en el Trianon-Palace y en el museo Galliera, a veces bailando, otras dando espectáculos-conferencia.

Alfred Agostinelli se quedó sin trabajo en 1913 y al encontrarse nuevamente con el escritor le pidió un empleo. Como Marcel ya tenía chofer, le dijo que lo contrataría como asistente para dactilografiar sus manuscritos. Alfred y su mujer se mudaron a la casa del escritor. Pero el chofer, hostigado por Marcel que se había enamorado de él, decidió huir a Mónaco, donde vivía su padre. Un año después murió en un accidente, dejando al escritor profundamente afectado. De hecho, Proust creó a Albertine, un personaje de su nueva obra, *En busca del tiempo perdido*, basándose en la figura de su deseado Alfred.

Si Marcel Proust estaba perdido luego de la muerte de Agostinelli, Diaghilev padeció un duro golpe cuando se enteró que su amado Nijinsky, de gira en Latinoamérica, había contraído matrimonio con una tal Rómula de Pulszky en Buenos Aires, el 10 de septiembre de 1913. Quién iba a decir que uno de los bailarines rusos más emblemáticos de la historia de la danza iba a vivir temporalmente en la muy española Avenida de Mayo, la línea que une el Congreso Nacional, sede del poder legislativo, con la Casa Rosada, sede del ejecutivo, en la capital argentina. Cuando Serge se enteró que estaba casado, lo despidió de la compañía con un telegrama. Raramente aceptaba bailarines casados y en este caso la unión era aún más grave.

Mientras tanto, al inicio de 1914, Margaretha levantó la casa de Neuilly para ir a Berlín, donde se presentó en el Teatro Metropol en la opereta *Der Millionendieb*.

Lentamente el malestar de Europa comenzaba a mover los mecanismos que desencadenaron el inicio de la guerra. Se afianzaron los sentimientos patrióticos y la fabricación de armas aumentó considerablemente. Las naciones empezaban a establecer alianzas entre sí y la propaganda lavaba los cerebros de los ciudadanos que se unían en fanáticos movimientos nacionalistas. El domingo 28 de junio llegaron a Sarajevo el heredero de la corona del Imperio austrohúngaro, archiduque Francisco Fernando de Austria y su mujer. Habían sido invitados por el gobernador de Bosnia, Oskar Potoirek, a las maniobras militares de verano. El primer ministro serbio, previendo la posibilidad de un atentado, no supo cómo manejar la situación sin verse implicado, así que decidió enviar una misión diplomática para tratar de evitar que el archiduque visitara Sarajevo durante la celebración de San Vitus, el patrón nacional. En esta fecha se recuerda la batalla del campo de los mirlos (1389) donde el príncipe serbio Lázaro fue derrotado por los turcos, inicio de la opresión otomana que podría compararse a la del Imperio austrohúngaro sobre Serbia.

El archiduque celebraba ese día los catorce años de casado con Sofía Chotek, una mujer que cotidianamente sufría discriminación por carecer de sangre real. Ese día Sofía pudo acompañar a su esposo en el vehículo oficial por primera vez ya que estaban fuera de Viena, donde el riguroso protocolo le prohibía hacerlo.

El atentado fue perpetrado por un grupo de militantes serbobosnios, siete jóvenes que fallaron en el primer intento: la bomba que lanzaron rebotó sobre la capota abierta del automóvil y explotó bajo el coche que continuaba la comitiva. Por la tarde el archiduque quiso ir al hospital a visitar a los heridos, pero por un error de logística los choferes tomaron un camino equivocado donde, por casualidad, se hallaba otro de los jóvenes entrenados para el atentado que aprovechó esta segunda oportunidad. Un hecho banal que cambió el curso de la historia. Un mes después Austria le declaró la guerra a Serbia. El 1ero. de agosto Alemania declaró la guerra a Rusia y el 3 a Francia.

En esos días Margaretha, que no tenía idea de la dimensión del conflicto, intentó huir a París. Al llegar a Suiza las cosas se complicaron y debió volver a Alemania sin valijas, ya que todo se había perdido en la confusión. Un hombre se apiadó de ella y le regaló un pasaje a Holanda, su tierra natal.

En Amsterdam se alojó en el hotel Victoria, donde encontró rápidamente un admirador que le pagara las cuentas. La vida de Margaretha había sido tan sinuosa como sus danzas. Se había casado con un militar holandés. Tuvieron dos hijos, pero uno de ellos había fallecido en una colonia holandesa donde su marido estaba cumpliendo funciones. Tiempo después ella abandonó a su marido y apareció en París, donde comenzó una nueva vida. La guerra se irguió como un obstáculo para su carrera artística: las prioridades de la gente habían cambiado diametralmente, no había tiempo ni energía para ir al teatro. Desocupada y en su tierra, comenzó la búsqueda de su hija. Arregló con el padre un encuentro en Rotterdam y a último momento el militar le comunicó que no tenía dinero para ir hasta la ciudad. Ella, por su parte, no hizo ningún esfuerzo por viajar adonde estaban ellos. Una de las actividades preferidas de la bailarina era la de comprar propiedades y decorarlas, así que, gracias a las gentiles donaciones de uno de sus admiradores, adquirió una casa en La Haya. El 14 de diciembre se presentó en el teatro Real de La Haya en *Les Folies Françaises*, un espectáculo en el que repetía su baile sin quitarse los velos. El público quedó desilusionado. Su última presentación en Holanda fue en Arnhem, donde vivía su exmarido y su hija.

El 30 de noviembre de 1915, harta de la vida provincial en Holanda, Margaretha se propuso regresar a París. Como no podía cruzar la frontera directamente debido a la guerra, debió hacerlo vía Inglaterra. Allí despertó las sospechas de Scotland Yard. Era extraño que, durante un conflicto armado, una mujer viajara sola a un territorio amenazado. La complicación aumentó cuando descubrieron que esta mujer había vivido en Alemania, la nación enemiga número uno de Francia. Ella, en su ingenuidad, contestó el cuestionario como si estuviera frente a periodistas. De hecho, la dejaron pasar, pero advirtieron a Francia que podía ser sospechosa. La estadía en París duró un mes; a inicios de 1916 volvió a La Haya, convencida de que su carrera artística había llegado a su fin. Había hecho el último intento de contactar a Diaghilev a través de Astruc, pero no había sido posible. Como ella no era capaz de quedarse quieta, el 24 de mayo de 1916 volvió a París, según algunos luego de una misteriosa reunión con un cónsul alemán en La Haya, Kramer. A bordo del Zeelandia partió a España porque no podía ir directamente a raíz del conflicto bélico. Tanto rodeo tuvo su gratificación: allí conoció a Vladime, un oficial ruso que la miró tan fijamente cuando subía a la embarcación que Margaretha quedó petrificada al descubrirlo.

El señor que estaba detrás de ella en la escalera tosió vivamente para poder avanzar. Margaretha se excusó y reinició la marcha. Vladime era más joven y más hermoso que cualquiera de las legendarias conquistas de Margaretha. Lo que sucedió entre ellos es lo que se conoce como un *coup de foudre*, amor a primera vista. No perdieron el tiempo en introducciones y luego de una charla formal fueron al camarote de Vladime donde hicieron el amor hasta saciar todas sus ansias. Al día siguiente él partió al frente de batalla. Y Margaretha quedó desarmada, feliz de verse enamorada a sus 40 años, pero angustiada porque su amado iba al frente de batalla. Por momentos pensaba que una nueva vida comenzaba para ella. Tan enamorada estaba que decidió visitar a una gitana para apaciguar su ansiedad: como la heroína que Bizet le robo a Mallarmé, ella fue a consultar a una sibila su fortuna. En la lectura de las cartas Madame Zina, una profesional en la materia, le dijo que no veía ningún casamiento cercano pero que visualizaba un soldado herido. La angustia se redobló. Pocos días después un oficial ruso viajó a París a verla para decirle que su amante estaba herido y se encontraba en el hospital de Vittel, una población en la línea de combate. Desesperada decidió ir al frente de batalla. Para poder viajar tuvo que deambular por las oficinas militares hasta dar con el mismísimo jefe del contraespionaje. Luego de una larga conversación en la que el militar iba encuadrando al personaje con sus elementales nociones de psicología, le propuso abiertamente ser una doble agente. "¿Porqué no?," se preguntó Margaretha, que nunca medía las consecuencias de sus actos y solo anhelaba satisfacer sus deseos inmediatos. Para ella era solamente un cambio de vestuario entre dos actos. Es más: pensó que ella era la vencedora ya que podría ir a Vittel y además recibiría una recompensa monetaria por su viaje.

"El infierno no puede ser tan terrible", dijo un militar francés refiriéndose a la batalla de Verdún, el más devastador encuentro de la primera guerra mundial. Duró prácticamente todo el año 1916 y en él perdieron la vida casi un millón de personas. Es símbolo de la firme determinación de una nación, Francia, que no permitió a sus enemigos avanzar un paso más, luego de la sorpresa inicial. Fue además una batalla muy costosa. Después de Verdún, el país entero estaba cansado de la contienda, empobrecido y no veía la hora de poner punto final a la guerra. París no era una excepción. Estaba lejos de ser la ciudad que Margaretha había conocido. Todo el panorama geopolítico mundial estaba a punto de cambiar sustancialmente. Varios soldados habían sufrido diverso tipo de lesiones en el enfrentamiento. El oficial ruso Vladime de Massloff, alistado en el ejército francés, había perdido el ojo izquierdo en Verdún, como efecto del gas fosgeno usado por los alemanes por primera vez en esta contienda. Después de la batalla fue a encontrarse con la mujer que había conocido a bordo del Zeelandia. Él era un aristócrata de 21 años y Margaretha le llevaba 20 años. Toda su historia era oscura: era madre de dos hijos, una niña que vivía con su padre y un varón que había fallecido aún niño, no se sabe si envenenado por su cuidadora o como resultado de la sífilis que su padre, el Capitán Rudolph MacLeod, le había trasmitido.

El encuentro fue en el Grand-Hotel de Vittel; en ese momento el frente de batalla coincidía con los confines del hotel. Los amantes vivieron un intenso romance, sin saber que sería el preámbulo de la separación. El jefe de la inteligencia francesa, Capitán Georges Ladoux, había recibido una advertencia desde Inglaterra de que ella era una espía de los alemanes. Margaretha necesitaba, como siempre, dinero. Esta vez se trataba de sobornar a la familia de Vladime y permitirle que se unieran en matrimonio. Ladoux le propuso una importante suma de dinero si lograba penetrar entre los altos jefes militares alemanes para obtener información. De hecho, él además pretendía averiguar si ella era espía o no. Dos agentes, Tarlet y Monier, habían seguido los pasos de Margaretha durante varios meses sin poder comprobar su culpabilidad.

—Usted es una jugadora, Mata Hari, y ahora debe jugar —le dijo Ladoux—. Rojo y negro... Rojo somos nosotros, sobre la línea que usted ve aquí, en el frente, donde la sangre corre noche y día, desde hace ya dos años. Negro son sus amigos alemanes.

Margaretha volvió a París, cambiando de hotel cada mes a medida que su patrimonio se deterioraba. Finalmente llegó el momento en que se percató de que no recibiría más dinero. Del Plaza Athenée pasó al Castiglione y de este último al Elysée Palace Hotel. Quería irse de París, pero era muy difícil, ya que poco a poco se iba dando cuenta de que había caído en una trampa. Georges Ladoux, quien le había gestionado el permiso para ir a Vittel, no era el caballero respetable que ella suponía, y le había ofrecido el trabajo de espía para poner los reflectores sobre ella y cubrir las acciones que él realizaba detrás de las bambalinas. La mujer que había sido codiciada por los hombres más poderosos, bailando danzas de su autoría que ella aseguraba eran rituales de las Indias Holandesas, donde había vivido cinco años con su marido, ahora languidecía escribiendo diariamente cartas de amor. Pasaba el día en su habitación. Si salía para ver a su dentista en la rue de la Boétie, tomaba sus precauciones, cambiando repentinamente de rumbo. A veces visitaba a su peluquero en la rue Pasquière o a su manicura en la rue Tronchet, siempre controlando si alguien la seguía. Otras veces iba a ver su joyero predilecto, Walewyk, en el número 8 de la calle Danou. A pesar de la cercanía se subía inesperadamente a un taxi luego de girar en la primera esquina. Tarlet y Monier, los dos investigadores que la siguieron noche y día durante meses, dejaron de acecharla el 15 de enero.

Hubo un último encuentro entre Margaretha y Vladime a mediados de enero de 1917, desprovisto totalmente de encanto ya que Vladime había sido amenazado por sus superiores militares: su relación con la bailarina debía terminar, ella estaba muy complicada y su futuro estaba escrito. El 12 de febrero Margaretha fue por última vez al Ministerio de Relaciones Exteriores para pedir su permiso para salir del país y volver a su tierra natal. Madame Zelle, también conocida como Mata Hari, fue arrestada por espionaje el 13 de febrero de 1917. Mientras ella empezaba un calvario de 8 meses, dos jóvenes artistas, Jean Cocteau y Pablo Picasso dejaban París para pasar unas fructíferas y efervescentes vacaciones romanas.

2- Elvira Agostinelli Guzmán
   Buenos Aires, otoño de 1918.

Elvira tropezó en la esquina de Corrientes y Esmeralda con un hombre robusto que gentilmente le ofreció la mano para que se alzara.

—¿Se siente bien señorita? —le preguntó él.

Elvira se había sonrojado y, luego de emitir una tosecita nerviosa, pronunció débilmente:

—¡Si, gracias! Perdóneme, estaba apurada y no lo vi...

Ni siquiera escuchó la respuesta del desconocido y caminó apresuradamente, mirando el piso para evitar el embarazo de un cruce de miradas.

Elvira llegó al teatro y saludó en el vestíbulo a las amigas que la acompañaban esa noche. Como no había tiempo para conversaciones, se dirigieron a sus localidades de la platea. Apenas tomaron asiento, las luces comenzaron a desvanecerse lentamente. Estaban en la fila tres y, aunque el teatro Esmeralda estaba casi lleno, el lugar contiguo al de Elvira estaba vacío. El sainete comenzó puntualmente y un gran silencio reinó en la sala cuando se alzó el telón. Los actores de la compañía teatral Apolo presentaban el estreno de *Los dientes del perro*. Como en casi todos los sainetes, un cantante aparecía en la mitad de cada acto para comentar la escena con música de tango. Una joven actriz, Manolita Poli, apareció acompañada de un guitarrista. Estaban tomando sus posiciones en el centro del escenario cuando Elvira advirtió que alguien que acababa de entrar se sentaba a su lado. Su perfume la distrajo unos segundos, pero la guitarra empezó a sonar y se escuchó la voz de la intérprete que entonaba:

—Percanta que me amuraste...

—Lunfardo—dijo Elvira—, como si nuestro idioma no fuera lo suficientemente rico...

El público parecía apreciar más que ella el tango y aplaudió con entusiasmo a la joven. Elvira disfrutaba más la actuación de los protagonistas del sainete. La segunda parte del primer acto pasó velozmente y las luces se encendieron anunciando el entreacto. Grande fue su sorpresa, la de ambos, a decir verdad, cuando descubrió que a su lado estaba el hombre con el que había tropezado antes de entrar al teatro. Él la invitó a tomar una copa en el bar, pero ella rechazó la oferta. El joven, que no contemplaba un no como respuesta, le propuso salir juntos una noche. Elvira volvió a excusarse, a pesar de sentir una fuerte atracción hacia el desconocido. Todo sucedió el 20 de abril de 1918. El extraño era Arturo Álvarez Insúa, un militar abonado del teatro. Volvieron a encontrarse en una fiesta de beneficencia. Las mesas se disponían radialmente alrededor de una pista de baile circular. Cuando la orquesta comenzó los primeros compases de *Mi noche triste*, Arturo supo que ese era el momento de acercarse. Excusándose entre los comensales de su mesa, se puso de pie y fue a la mesa adyacente, donde ella fingía no percatarse de los movimientos rígidos del capitán. Cuando él se acercó a la mesa advirtió que entre los comensales estaba Sereno Arias, un amigo en común. Aprovechó la oportunidad para saludarlo y cambió de idea: no iba a proponerle bailar, iba a esperar que Sereno se la presentase junto a sus amigos. Ella fingió no conocerlo y Arturo, que nunca se rendía, le siguió la corriente. La charla continuó y, antes de despedirse, Arturo se dirigió a Elvira diciendo:

—Su cara me resulta familiar.

Ella sonrió y dijo:

—Si, mucha gente me confunde con Lola Marcó del Pont.

—La actriz de *Amalia*, no, no creo... —dijo él—, sacudiendo la cabeza.

Luego se alzó de la mesa y regresó a la suya, donde concluyó la cena.

Hubo un tercer encuentro, esta vez en el Palais des Glaces. Una noche de tangos. Arturo la divisó desde la entrada: ella estaba en el centro de la rotonda con sus amigas y una copa en las manos. Cuando Elvira vio que Arturo cruzaba el salón con pasos seguros aspiró hondo, se relajó y trató de ser lo más natural posible. Él se acercó, saludó a todo el grupo y empezó a hablar sobre la orquesta que interpretaba la música, en la cual un amigo suyo tocaba el violín. Después de los primeros comentarios el grupo se disipó, dejando a Elvira y Arturo solos. Estaban hablando distraídamente cuando la música los sorprendió: las primeras notas de *Mi noche triste* cayeron en los oídos de ambos como una invitación a la pista de baile. Allí fue la primera vez que Arturo y Elvira se abrazaron para bailar el tango que los había reunido, que se convirtió en el *leitmotiv* de su romance. Ella posó su mejilla sobre la de Arturo, tomó su mano con la derecha y colocó la izquierda sobre su cintura. Él dio el primer paso y ella lo siguió. Los compases construyeron esa melodía que ya conocían.

Los dos habían cambiado su opinión sobre este tango. Ahora lo adoraban, no solo porque los había unido, sino porque su letra no era tan subida de tono como la de los primeros tangos, llenos de doble sentido y picardía. Bailaban entrelazados el delicioso tango y ella le dijo que era pariente de Alfred Agostinelli, el chofer de Marcel Proust. Arturo, en cambio confesó con un poco de vergüenza ser fruto de una unión ilegítima. Sin embargo, estaba orgulloso de su carrera militar, tan apropiada por su severo carácter y su grado de capitán.

Ella pertenecía a una familia muy adinerada, pero los Agostinelli no se opusieron a la unión de los jóvenes y poco tiempo después se casaron. El 14 de febrero de 1921 nació el único hijo de esta unión. Para esta época Elvira ya estaba enferma…

3- Génesis de un ballet
Roma-París, 1917

Una oscura tarde de invierno Jean Cocteau y Pablo Picasso fueron a ver a una amiga en común, Gertrude Stein, y le dijeron que se iban a Roma de luna de miel. Jean y Pablo habían sido presentados por un amigo en común, Edgar Varese. Lo de la luna de miel era una broma de Jean, al enterarse de que Irene Lagut, alumna de pintura de Pablo, finalmente había rechazado la propuesta de matrimonio del maestro. No era la primera; un año antes Gaby Lespinasse también lo había dejado plantado. Picasso nunca dio a conocer esta relación, algunos piensan porque se suponía que todavía estaba viviendo el duelo de Eva Gouel, muerta de tuberculosis o por la relación que Gaby sostenía contemporáneamente con el grabador y poeta Herbert Lespinasse. Pablo accedió a viajar muy a pesar de sus amigos y seguidores, ya que siempre había querido visitar la ciudad eterna, donde pensaba encontrar la paz y la mujer que París le negaba. Su edad comenzaba a pesarle y ya quería sentar cabeza. Los tres estaban en París por diferentes razones: Jean, porque era su patria, Gertrude Stein porque junto a su hermano había decidido dejar su América natal para instalarse primero en Londres y luego en la efervescente ciudad luz, en 1903 y Pablo vivía entre Barcelona y París por razones profesionales. Él tenía 35 años, Gertrude 42 y Jean contaba apenas con 27.

Pero en realidad, la historia había comenzado siete u ocho años antes, cuando Cocteau presenció un espectáculo de ballet que lo había deslumbrado y le pidió a su amiga Misia Sert que le presentara al director de los Ballets Rusos, Serge Diaghilev. La hermosa pianista rusa Maria Zofia Olga Zenajda Godebska, más conocida por su seudónimo Misia Sert, se había enriquecido tanto en dinero como en amistades gracias a sus dos primeros matrimonios. Thadée Natanson, uno de los fundadores de *La revue blanche*, le había permitido acercarse a los músicos, escritores y pintores más talentosos de la época. Alfred

Edwards, el segundo, le había dejado una inmensa fortuna. El tercero, el pintor catalán Jose-María Sert le dio el apellido. Los artistas adoraban a Misia y ella fundó uno de los salones de letras y artes más influyentes en París, donde se daban cita Maurice Ravel, Claude Debussy, Coco Chanel, Pierre-Auguste Renoir y Jean-Éduard Vuillard entre otros.

Jean tenía 20 años, era irresistible y estaba en boca de todos después de publicar *La lámpara de Aladino* y *El príncipe frívolo*, dos textos que habían dado mucho que hablar... Además, había concebido junto a Paul Iribe un homenaje a Nijinsky que consistía en una edición de lujo de seis de sus poemas y seis ilustraciones de Iribe, un joven dibujante que había colaborado ya, a pesar de su juventud, en las colecciones de moda de Paul Poiret.

Misia entonces hizo posible que Jean y Serge se conocieran. En la siguiente temporada del ballet, gracias a uno de los decoradores, León Bakst, Jean ya se había incorporado al grupo, iniciando sus servicios como ilustrador para los afiches que anunciaban los espectáculos. Podemos decir que Jean le cayó mejor a León que la presuntuosa bailarina Mata Hari. León también había sido ilustrador y posiblemente veía en Jean, que era veintitrés años más joven que él, un talentoso discípulo.

Dos años después Cocteau logró hacer su primera contribución como guionista en *El dios azul*. El ballet fue un fracaso, y como Jean seguía insistiendo en trabajar con Serge, este, quizás para sacárselo de encima, porque Jean en ocasiones lo hacía reír, pero otras veces lo enervaba terriblemente, le dijo:

—¡Sorpréndeme!

Jean quiso ser también actor protagonista en la Primera Guerra Mundial. Su examen físico lo encontró inepto para luchar como soldado. Así que se dedicó a conducir ambulancias de la Cruz Roja para sentirse activo. Fundó paralelamente la revista *La Palabra* con Paul Iribe, una revista satírica antialemana, que publicó veinte números entre noviembre de 1914 y julio de 1915. Luego volvió al frente con un falso uniforme creado por Poiret y se reunió a la brigada de infantes de marina de Nieuport. Fue descubierto y repatriado.

De nuevo en acción en la ciudad luz después de este intento de participar en la guerra, Cocteau trató de convencer a Igor Stravinsky, un joven músico de ideas radicales, de crear juntos un ballet para Serge: *David*. El proyecto nunca cuajó, pero Cocteau era obstinado y no dejaba de lanzar propuestas de trabajo a los artistas que conocía en los salones contemporáneos. Uno de los salones más famosos, además del de Misia Sert era el de Valentine Gross (luego Valentine Hugo). Ella era amiga personal de Jean Cocteau, quien le había presentado a quien fuera su marido, Jean Hugo, así como otras personalidades del arte y la literatura. Como Misia, Valentine recibía a los artistas más destacados de la época: André Breton, Paul Éluard y Pablo Picasso, entre otros, amenizaban sus tertulias. El 18 de octubre de 1915 Valentine invitó a su casa a Eric Satie, pianista y compositor ecléctico para presentárselo a Cocteau. Erik era una especie de vampiro, salía muy poco, solo se vestía en terciopelo y tenia extraños hábitos alimenticios. Valentina, por su parte, también era artista. Había ilustrado afiches para Serge, pero, por haber sido fiel amiga de Nijinsky, había caído en la antipatía del director del ballet y como consecuencia perdido su lugar junto a él cuando el bailarín se casó. Fue ella la que imploró a la todopoderosa Misia, en un juego maquiavélico de alianzas ideado por Jean, para que convenciera a Serge de hacer *Parade*. La actitud de Misia no fue muy consecuente y había que tener cuidado de no tenerla como enemiga. Según John Richardson, historiador de Picasso, fue Eugenia Errázuriz, protectora de Pablo, quien convenció a Serge Diaghilev de reunir a Picasso en los decorados, Satie en la música y Massine en la coreografía de *Parade*.

El 30 de mayo de 1916 Pablo Picasso y Enrique Granados habían organizado un concierto donde se iba a interpretar temas de Erik y del propio Granados. Una semana después Misia le pidió a Satie que creara la música para un ballet. En julio, Jean le hizo un pedido formal al compositor.

—¿Cuál de tus composiciones podríamos usar para un ballet? —le preguntó.

—Si vamos a crear un ballet compondré una música original ad hoc —le dijo Satie.

Sería su primera música de ballet. Un mes después, Pablo entró en el proyecto. Él también iba a realizar su primera contribución para un espectáculo...

Pablo pasaba por un momento muy particular de su carrera. Estaba fascinado por el mundo de los clowns: los admiraba y se divertía con ellos, sus bromas, sus discursos y su costado marginal. A partir de 1904 pasaba tardes enteras en el bar del circo Medrano para hablar con ellos y observarlos. Se reía de sus chistes igual que un niño pequeño. Junto a los acróbatas y los arlequines, los clowns pasaron a ser sujetos de sus obras. Él les quitaba la carpa y el público para mostrarlos en su soledad y melancolía. En 1905 pintó *Familia de saltimbanquis* (213 x 219 cm), obra considerada entre las mejores del período rosa. En 1907 el óleo *Las señoritas de Avivgnon* (244 x 234 cm) señaló la entrada al cubismo, pero Picasso continuó a retratar personajes circenses en el más clásico estilo rosa.

Nadie estaba muy convencido de la idea de Cocteau. Erik tuvo que oír el nombre de Pablo para ponerse a trabajar. Y juntos, Satie y Picasso, comenzaron a modificar el proyecto original de Cocteau una vez que Serge autorizó la ejecución. Erik no estaba de acuerdo con los sonidos que Jean había bautizado como *trompe-l'oreille*. Esta expresión es una invención de Cocteau a partir de *trompe-l'oeil*, que es una técnica artística usada para crear la ilusión de tres dimensiones en una superficie plana. El *trompe-l'oreille* era la versión auditiva del fenómeno pictórico. Finalmente, los demás artistas no estaban de acuerdo con Jean y decidieron eliminar estos efectos sonoros. Y Pablo también intervino en la concepción de los managers del ballet. Pero esto no molestaba a Jean, lo importante era que el ballet se iba a realizar. La última pieza de este rompecabezas, no en importancia, era Astruc, el representante artístico que vendía shows de los Ballets Rusos y las presentaciones de Mata Hari.

El telón de Picasso

La mañana del 13 de febrero de 1917 la puerta de la habitación 131 del Elysée Palace Hotel fue sacudida por los golpes del Comisario Albert Priolet. Cuando Margaretha abrió, el comisario y cinco inspectores entraron y leyeron la orden de arresto. Mientras ella se vestía, los inspectores revisaron la habitación y confiscaron todos los materiales que podrían facilitar la investigación. Cartas, dinero, fotos, permisos de viaje y de residencia, recibos, la chequera del *Credit Lyonnais*, libretas de direcciones, libros, programas, productos de belleza y una valija llena de regalos que había preparado para llevar a sus ayudantes domésticos de Holanda.

Mientras los oficiales revisaban las valijas de Mata Hari, Jean y Pablo preparaban las suyas. El viaje de ellos prometía ser más placentero. Los "recién casados" tendrían que haber llegado a Roma el domingo 18 de febrero de 1917, pero Jean se había olvidado de sacar la visa. Afortunadamente él se había ocupado de la logística y le dijo a Pablo que no había pasajes para ese día, por temor a cualquier reproche. Lo cierto es que ambos llegaron a Roma el lunes 19 de febrero. Allí los esperaba Serge Diaghilev, que les había reservado una habitación en el Gran Hotel de Russie, en la esquina de la Vía del Babuino y la Piazza del Popolo. Muy cerca de allí, en la Vía Margutta, había alquilado un estudio para que Pablo trabajara cómodamente. De la ventana del estudio se veía un panorama que conocía muy bien gracias a las *Vistas de la Villa Médici* pintadas por Velázquez que había admirado en El Prado.

Diaghilev siempre estaba vestido muy elegante y no escondía su homosexualidad. Era alto, algo excedido de peso, los ojos algo caídos, la nariz recta y un espeso bigote negro enmarcaba sus labios carnosos. Tenía una compañía de danza que había trascendido por su notable calidad las fronteras de su Rusia natal. Durante la guerra decidieron dejar definitivamente su país y eligieron Roma como base de operaciones. Afortunado en su labor profesional, no se podía decir lo mismo de su vida sentimental: sus dos amantes anteriores lo habían abandonado por una mujer. ¿Quién sabe cuál sería el futuro del actual, Léonide? Ambos sacaban partido de esta usanza: Léonide era una gran estrella del ballet gracias a Serge y… Serge pasaba muy buenos momentos en compañía de su bailarín favorito. Serge se caracterizaba por sus celos. Era capaz de reclutar espías para seguir a Léonide y descubrir cuán infiel le era. Éste decía simplemente que acostarse con Serge era…parte de su trabajo. La figura de Serge es muy compleja. Gran conocedor de arte, lleno de *charme* y distinción, perdía los estribos en los ensayos y en su alcoba se volvía un dictador. Casi todos pasaban este detalle por alto: bailar en su ballet era un privilegio de pocos. Serge ofrecía cenas en la morada que rentaba para Léonide, donde se podían oír conversaciones en inglés, francés, español, ruso e italiano. Había adquirido algunas pinturas de Pablo para regalar a Léonide, que era además un gran coleccionista. El bailarín tenía muchas cosas en común con Picasso. En primer lugar, el gusto por las mujeres. Léonide además había trabajado en ballets de temas hispanos por los cuales se había sentido particularmente atraído. Sus favoritos eran *El sombrero de tres picos* y *Las meninas*. El viaje a Roma fue una fiesta constante. El primer día fueron al Coliseo. Luego visitaron los Museos Vaticanos, cayendo bajo el influjo de Rafael y de Miguel Ángel. A insistencia de Jean, pidieron una audiencia a Benedicto XV. El papa se la negó, aduciendo que ya había bendecido a los Ballets Rusos. Para distraerlos de este agravio Serge les propuso un viaje a Nápoles del 9 al 13 de marzo, justo la semana en la que en su Rusia natal hombres y mujeres —no hay que olvidar que el conflicto tomó importancia el 8 de marzo, durante la celebración del día de la mujer—, iniciaban lo que dio en llamarse la Revolución Rusa.

    Pablo se enamoró de Nápoles a primera vista. Esta ciudad lo deslumbró más que Roma, tal vez por hallarse al borde del mar, la belleza del golfo, la presencia del Vesubio y la vitalidad de la vida callejera. O quizás por recordarle la Málaga de su infancia. El 5 de abril llegó a Roma otro amigo de Serge, Igor Stravinsky, que inmediatamente hizo migas con Pablo. Era el artista que Jean había tratado de persuadir para crear la música de su ballet *David*. Igor y Pablo eran vanguardistas y se enfrentaban al pasado con su trabajo artístico en sus respectivas disciplinas; las dificultades que encontraron en sus caminos los hizo hermanarse en sus luchas. Serge frecuentaba la alta sociedad romana e intentó introducir a sus amigos. Allí salió a relucir un aspecto de la personalidad de éstos en total contradicción, mientras Jean amaba las fiestas, las largas charlas y el *dolce far niente*, Pablo prefería la acción, esto es la pintura. Había venido a Roma a crear los decorados y vestuarios para un nuevo ballet. Había dibujado en París 67 bosquejos en mina de plomo y acuarela de la escenografía y los vestuarios de *Parade* que ahora tenía que realizar. Prefería evadir los compromisos sociales a los que Diaghilev quería someterlo, como la visita a la Marquesa Casati, luego de la cual decidió excusarse a todo encuentro mundano con la frase:

—No traigo smoking...

Pablo quería divertirse a su manera y, como buen conquistador, puso la mira en una de las bailarinas del ballet de Serge, Olga. Ella tenía 25 años. Era guapa, con unos hermosos ojos verdes contrastantes con su cabello pelirrojo oscuro. Y además era muy talentosa, ya que para entrar al ballet había que pasar una rigurosa audición donde Serge junto a su anterior amante y un tal Enrico Cecchetti configuraban un terrorífico trío que no perdonaba imperfecciones. Pablo, deseando olvidarse de Irene, comenzó a flirtear con Olga. Le hizo un dibujo y pensó que eso bastaba. ¡Pero ella era virgen y rusa! Al menos en esa época una rusa que se preciara de ser tal llegaba virgen al matrimonio. Pablo no lo podía creer. Nunca había tenido que esforzarse tanto para conseguir una mujer. Se había enamorado de ella a primera vista, viéndola bailar durante el ensayo de *Las mujeres de buen humor* de Scarlatti en el rol de Dorotea. Se ofreció para trabajar de voluntario junto a Carlo Socrate, el realizador de la escenografía del espectáculo, con dos objetivos: familiarizarse con las artes escénicas y tener la posibilidad de cruzarse con Olga en los pasillos del teatro. Cuando la ocasión se presentase, Pablo finalmente entablaría una conversación con ella. Siempre con la misma excusa, Picasso ayudó a los tramoyistas del teatro Constanzi de Roma la noche del estreno, el 12 de abril. De esa forma lograba dos objetivos, uno profesional —comenzar a detectar las diferencias entre su actual oficio, la pintura y el que estaba por abordar, la escenografía— y otro personal—continuar seduciendo a la bailarina. Pablo golpeaba a la puerta de su habitación del hotel Minerva y ella le decía:

—No, no, señor Picasso, no lo voy a dejar entrar.

La unión en matrimonio de Pablo y Olga estaba en punto muerto. Serge Diaghilev lo desaconsejaba por dos razones. En primer lugar, porque no quería enfrentarse a los padres de Olga, que pretendían un mejor partido para la hija y además por la consabida regla de no aceptar bailarines casados. Le propuso esperar unos días para presentarle una bailarina que estaba en gira. En el taller que Pablo tenía en Villa Margutta dibujó el telón de *Parade*. Los artistas que iba conociendo lo ayudaron a concretar su titánica labor. Fortunato Depero fue uno de ellos. Él lo introdujo al mundo de los futuristas, presentándole a su amigo Enrico Prampolini. Pablo se quedó extasiado ante la grandeza de sus obras y la pequeñez de su habitación. Decidieron salir a festejar el encuentro al Café Greco, donde los esperaban Léonide y Jean. Este último compró una postal para enviarle a Erik, que se había quedado en Paris.

Jean, a pesar de sus preferencias sexuales, decidió también embarcarse en una relación con una joven bailarina, María Shabelska. Ella no era ninguna tonta, ya que Jean usaba más maquillaje que ella, pero se divirtió durante el tiempo que duró la estadía. Cocteau tardó 30 años en confesar que en Roma el único objeto de su deseo en ese viaje había sido Picasso.

El 16 de abril Serge le propuso a Pablo y a Léonide volver a Nápoles antes de regresar a París. Esta vez viajaron en tren, acompañados por Igor y otro amigo. En el trayecto hicieron una apuesta: Pablo tenía que hacer un retrato de Léonide en menos de cinco minutos con el tren en movimiento. Pablo ganó la apuesta y le regaló el retrato al modelo. En este viaje gozaron cada rincón de la ciudad. Caminando por la Forcella, tuvieron la oportunidad de ver funciones callejeras de la *Commedia dell'arte* y ver en carne y hueso a esos personajes que van a aparecer en obras posteriores de Pablo Picasso: Arlequín, Colombina, Pantaleón, Polichinela, el Capitán, Brighela, Scapino y Scaramouche. Las actuaciones de estos personajes tienen mucha acción, contacto con la tierra y los sentimientos terrenales, grandilocuentes gestos, alguno de ellos obscenos y gritos, muchos gritos. Además, todos usan máscaras, lo que le da a la representación un tinte particular. A Léonide se le ocurrió hacer un ballet basado en la *commedia dell'arte*. Todos estuvieron de acuerdo y decidieron iniciar una investigación seria, para lo cual se dirigieron al Museo de San Martino, el lugar más apropiado en toda la ciudad para concretar este plan. Se centraron en el personaje de Polichinela, las marionetas y la tradición napolitana en la materia. Pablo estaba fascinado particularmente por las esculturas griegas y romanas del museo. La visión del Hércules lo dejó sin respiro por su tamaño y además por el trabajo del artista para reforzar, con algunos ajustes en las proporciones, el sentido de magnitud.

A finales de abril regresaron a Roma y Pablo siguió asistiendo a espectáculos que lo fascinaron: una obra de títeres realizada por el *Teatro dei Piccoli* y un espectáculo de variedades al que los había arrastrado un músico amigo de Serge. Pablo finalmente terminó sus bocetos de vestuario y escenografía y se los mostró a Jean. Pablo había añadido tres personajes, los hombres de negocios que se unían a los artistas del desfile. Sus dibujos eran vanguardistas. Luego de una breve estadía en Florencia, a inicios de mayo, volvieron a París. Serge, en cambio, tuvo que partir a Montecarlo y luego continuó su viaje hacia la ciudad luz.

Margaretha Zelle no quiso abogados para su juicio, estaba segura que se trataba de un error que pronto se subsanaría. Pensaba que se repetiría la escena del arresto en Inglaterra, donde fue confundida con Clara Benedix y liberada cuando se aclaró la situación. Su expresión cambió cuando el capitán Pierre Bouchardon le informó que iban a trasladarla a Saint-Lazare. Una prisión especial, donde habían estado Andrea Chénier y el Marqués de Sade, entre otras celebridades, ubicada en el décimo distrito de París. Desde 1857 contaba con tres secciones, una para las condenadas a prisión, otra prisiónhospital donde se trataban las enfermedades venéreas de las prostitutas, y una tercera parte para menores de edad, una especie de correccional para niñas abandonadas o pertenecientes a familias con diversos tipos de problemas.

Cuando el médico de la prisión fue a visitarla y le preguntó que necesitaba, ella le respondió:

—Necesito un teléfono y un baño.

El 15 de febrero comenzaron cuatro meses de infructuosos interrogatorios de Pierre Bouchardon. Él, que había descubierto recientemente la infidelidad de su esposa, no tenía reparos en ocultar que no solamente estaba condenando a la espía, sino también a la pecadora que con tanta facilidad ofrecía su cuerpo a miembros del ejército de cualquier bandera en una época donde la nacionalidad sí importaba. Paralelamente se investigaba todo el material que había sido confiscado durante el arresto. Ella hablaba con naturalidad de sus saltos de un lecho a otro y de grandes sumas de dinero obtenidas a cambio de sus favores. Para Bouchardon esto servía por sí solo para condenarla. Los interrogatorios se sucedieron sin que él pudiera encontrar ninguna prueba y sin que ella pudiera hacer valer su deposición de inocencia.

3- *Parade*

Los movimientos de *Parade* fueron ideados por Léonide Massine, un coreógrafo formado en la Escuela de Ballet Imperial de San Petersburgo. Desde 1915, con solo 18 años, fue el coreógrafo oficial de Los Ballets Rusos de Diaghilev. Léonide no bailaba danzas orientales como Margaretha ni tango como Elvira, pero tampoco creaba sus coreografías usando los típicos pasos del ballet clásico que el público estaba acostumbrado a ver en un teatro. Lo que Massine estaba haciendo en esos años en París era un acto revolucionario. Él se podía permitir lujos que otros bailarines soñaban: cambió la historia de la danza pagando un precio que para él era de poca importancia: acostarse con Serge. *Parade* se compone de cuadros interpretados por siete personajes representados por ocho bailarines.

La noche del estreno Léonide representaba el prestidigitador chino, la estrella del ballet. Basado en un mago asiático muy popular en esa época, Chung Ling Soo, se presentaba sin saber muy bien qué truco hacer y finalmente decidía tragarse un huevo entero. El huevo desaparecía y aparecía nuevamente en el dedo gordo del pie del prestidigitador. El diseño de Picasso fue considerado uno de los mejores de todos los espectáculos de Serge: una túnica corta con pantalones hasta las pantorrillas. Algunos autores sugieren que este traje estaba inspirado en el que llevaba el embajador chino en Roma en una de las cenas organizadas por Diaghilev en la casa de la Marquesa Luisa Casati durante la luna de miel italiana.

En la primera representación la niña americana, el rol protagónico femenino de Parade, fue interpretada por María Chabelska, la bailarina con la que Cocteau había tenido un affaire. Este personaje estaba inspirado en dos actrices cinematográficas, Mary Pickford y Pearl White, ambas muy populares en París. Los rizos del cabello de Mary Pickford fueron copiados por miles de jóvenes de la época. La coreografía mimaba la actuación de Chaplin primero y la de Pearl White en *Los peligros de Paulina* en segundo lugar, para finalizar jugando en la playa después de haber sufrido el naufragio del Titanic.

Si bien Pablo dibujó su vestuario, la ropa fue comprada en Williams Sporstwear, una tienda de los grandes bulevares: una falda tableada, un saco marinero azul marino, una blusa blanca plisada y un lazo en el pelo.

Los acróbatas aparecían en el tercer y último acto de *Parade*. Hacían piruetas y arabescos, tal como en el circo y en el music hall. Pablo quería vestirlos con mallas a los dos, el hombre, Nicolás Zverev y Lydia Lopokova, la mujer. Pero Sergio le sugirió cubrir el cuerpo del hombre con una camisa amplia y un saco. En algunas representaciones posteriores vemos a los acróbatas con mallas blancas pintadas en parte con azul, en un diseño de armónicas líneas curvas.

Los hombres de negocios fueron los personajes más discutidos. Así como la escenografía fusionaba elementos clásicos como el telón de boca y los telones de fondo cubistas, los vestuarios de los dos managers eran completamente cubistas, contrastando con el resto de los trajes. Medían tres metros de altura y hacía que los bailarines se movieran con dificultad, con escuetos movimientos angulosos dentro del vestuario de rígido cartón, que traía a la memoria los paneles sándwiches con que se hacía publicidad en aquel entonces.
Como en el cubismo, las caras combinaban una visión de frente con otra de perfil y el vestuario mezclaba ropa real pintada con elementos abstractos. El hombre de negocios francés estaba inspirado en el Maestro de Ceremonias de music hall, era una burla al mismísimo Diaghilev. Tenía una corbata, un rascacielos, un sombrero de copa negro y un frac de cola. Llevaba una gran pipa y un bastón. En la espalda se podían apreciar tres bulevares de París. Aparecía al inicio del ballet, presentando al mago, moviéndose con gestos duros y rimbombantes para captar la atención del público. En cambio, el manager americano tenía un rascacielos, sobrepantalón como los vaqueros, un lazo y una funda de balas. Presentaba a la niña americana y sostenía un megáfono y un cartel con la palabra "*Parade*". El tercer hombre de negocios iba a estar sobre un caballo compuesto por dos bailarines. Este personaje hacía esfuerzos por captar la atención del público hasta caer extenuado en el piso. Tenía una cara con dos expresiones:

la frontal era cómica y la lateral era amenazadora. Él presentaba a los acróbatas, siguiendo los números circenses. Como en los ensayos siempre se caía del caballo, Diaghilev decidió anular el jinete y dejar el caballo que era un elemento cómico o más bien grotesco. Es así como de la idea original de Picasso de tres managers se pasó a dos managers y un caballo. Jean quería incorporar la palabra hablada y había pensado en un megáfono para presentar a los artistas del circo. Pero Pablo los prefería silenciosos y Serge se acopló a esta última idea. La realización de los hombres de negocios fue confiada a Fortunato Depero, el artista que dos años antes había escrito junto a Giacomo Balla el *Manifiesto futurista*.

La escenografía estaba compuesta, además de los telones de fondo, por un telón para la boca de la escena. Un elemento presente en la obra durante la llegada de los espectadores, que desaparecía cuando el ballet comenzaba. Cocteau pensaba usarlo para poner los nombres de las estrellas del ballet, pero Picasso no estaba de acuerdo. Lo habían bautizado el telón rojo y Pablo deseaba hacer allí una versión alegórica de su pintura *Familia de saltimbanquis* de 1905. Fue el primer elemento de la escenografía que comenzó a imaginar: antes de viajar a Roma ya había realizado algunos bosquejos, pero allí realizó el definitivo, dibujo que lamentablemente se perdió. Como el pintor de Diaghilev, Carlo Socrate, no pudo viajar a tiempo, Picasso comenzó el dibujo sobre la tela. Usó una escalera de dimensiones similares a la que aparece en el telón. No acostumbrado a las escenografías de ese tamaño, Picasso pintaba los detalles con pequeños pinceles mientras los demás realizadores usaban sus enormes brochas. Años después Picasso mismo negó estos hechos afirmando que alguien lo había pintado contra reloj en París y que cada vez que se usaba había que retocarlo.

El telón tiene ocho personajes: en una mitad una bailarina y en la otra los siete restantes, Colombina, dos arlequines, un toreador o cantante folklórico, un marinero, un moro y una mujer. Además de seres humanos, hay cuatro animales: una gran yegua alada blanca con su potrillo, un mono y un perro. La enorme yegua ocupa la mitad izquierda. La bailarina está sobre ella, sosteniendo una escalera de madera, encima de la cual está el mono. Hay también una pelota con estrellas y una tarima a la derecha donde están todos los demás personajes. La escalera está pintada en franjas diagonales azul, blanco y rojo como en los postes de barbero usados al exterior de las peluquerías. Este elemento divide la composición en dos partes. Hacia la izquierda se desarrolla la mitad menor, ocupada por la yegua y su potrillo, la bailarina con tutú blanco y alas y el mono. El blanco del potrillo, la yegua, así como el vestido de la bailarina que está parada sobre ella, destacan sobre el fondo de telones rojos y azules. Hay también una franja verde al fondo, así como otra azul cielo sobre la primera. Del lado derecho hay una mesa alrededor de la cual se distribuyen los restantes siete personajes. Los dos más cercanos al público están de espaldas y sus figuras se recortan contrastantes, usando el azul para el marinero napolitano de la extrema derecha, asociado al cielo y la pelota. El arlequín que se encuentra hacia el centro de la composición, en cambio, viste una malla a rombos rojos y negros, colores asociados a los telones. Atrás están, de izquierda a derecha, el torero o cantante (al centro), luego un moro con un turbante blanco apoyado en una columna, otro Arlequín y su novia Colombina. Están sobre una plataforma de madera delante de la cual duerme un perro. El piso de madera ayuda a dar profundidad a esta perspectiva a un punto de fuga. Hay una columna, arcos y muchos telones abiertos rojos y bordó y se puede entrever al fondo el Vesubio pintado de un azul apenas más oscuro que el cielo.

    Hay muchas conjeturas acerca de los rostros de los personajes. Varios autores comentan el parecido de los rostros del telón al de los integrantes del equipo creativo de *Parade*, pero sólo se ponen de acuerdo para describir a Picasso y Olga como la pareja detrás de la mesa, Arlequín y Colombina. El marinero de bigotes sentado sobre un baúl en el extremo derecho podría ser Carlo Socrate, a su lado está la mujer mallorquina con una tela detrás, una especie de cuadro dentro del cuadro. Hacia la izquierda, primero Olga y Picasso, luego sigue un personaje de color con turbante apoyado sobre una columna, que según algunos teóricos podría simbolizar el glorioso pasado de la compañía de baile y según otros representar a Igor Stravinsky, luego un bailarín folklórico que podría ser Massine, pero todo queda en el terreno de las suposiciones.

En la otra mitad se destaca por su tamaño Pegaso, símbolo de la paz, un concepto tan preciado por Picasso. El mono podría ser el alterego del artista y la bailarina con alas Rosita de Oro, primer amor de Picasso. Este telón de boca, romántico y lleno de color, se contrapone con el de fondo, que aparecía cuando se levantaba el primero: un monocromo paisaje cubista, con los bulevares de París. Los colores son opacos y apagados, verde grises y ocres. Al centro aparece la entrada a la feria de variedades, coronada con una lira y flanqueada por dos columnas. La perspectiva no es muy coherente. El contraste de los telones ponía ya al público en desconcierto al no saber si se trataba de un paisaje real o imaginario. Además, hay una contraposición entre el mundo mitológico del Pegaso, la escalera de Jacob que une el cielo y la tierra, la esfera cósmica con estrellas y el mono, por un lado y los creadores del espectáculo alrededor de la mesa de una taberna vestidos con trajes tomados de la *commedia dell'arte*. Y esta contraposición se une a la de un arte menor, el circense, en un templo de artes mayores. De ahí que se defina a esta creación artística, junto a otras obras de la época, como "estética de la brecha". El mismo Picasso se muestra escindido entre el telón de boca y los vestuarios clásicos versus el telón de fondo y los trajes de los managers, cubistas.

Las dimensiones del telón de boca son diez metros y medio por dieciséis metros y cuarenta centímetros, y su peso cuarenta y cinco kilogramos. Según algunas versiones Picasso lo pintó en su taller de Buttes de Chaumont en París, pero hay fotografías de Picasso pintando el telón con los jóvenes pintores futuristas que conoció en Roma, en un taller que formaba parte del complejo *Studi Patrizi* ubicado en Vía Margutta. En ella el fotógrafo los sorprendió en medio de una pausa, el telón en el piso y los artistas sentados sobre él. Podemos ver el trazado de las líneas con carbonilla y algunas partes que están pintadas con témpera, mientras otras todavía están en blanco. Entre sus asistentes estaba Giacomo Balla, que también diseñaba escenografías; de hecho, ese mismo año creó los telones de *Fuego de artificio*, ballet con música de Igor Stravinsky. Balla era ya un artista consagrado, en ese momento tenía 46 años y estaba escribiendo su *Manifiesto del color*. Puede ser también que las dos versiones sean correctas: Picasso empezó el telón en Roma y lo terminó en su taller de Buttes de Chaumont.

Cuando todo estuvo listo comenzaron los ensayos. La música según Jean era linear y sin salsa ni velos. Un día Satie invitó a su amigo Mauricio Maeterlink, premio Nobel de literatura en 1911 y principal exponente del teatro simbolista, para convencer a la orquesta de que *Parade* era una pequeña joya. Un flautista le había preguntado a Erik si pensaba que era estúpido, de acuerdo a lo que leía en la partitura y él le contestó:

—No creo, pero puedo equivocarme…

Queda claro que en los ensayos no reinaba la armonía. En esa época estaba de moda el ragtime y Erik se las ingenió para poner partes de una de las canciones más populares, *That Misterious Rap* del gran Irving Berlin, en el ballet. Erik usaba esos ritmos sincopados en sus composiciones. Jean se había divertido agregando sonidos dispares: una máquina de escribir, un tiro, la sirena de un barco y el motor de un avión. También quiso agregar voces para los managers, que debían usar megáfonos, pero aquí Diaghilev fue tajante:

—¡Voces en la música de un ballet, no!

También había un órgano y un instrumento compuesto por quince botellas.

El argumento creado por Cocteau no era muy complejo: un grupo de artistas ejecutaban pequeños números afuera del teatro para atraer al público.

El telón de Picasso

El viernes 18 de mayo de 1917 fue el estreno de *Parade* en el teatro de Châtelet, en una función de gala benéfica para la Cruz Roja Francesa. El texto del programa lo escribió Guillaume Apollinaire, que habla de "una suerte de sur-realismo" para describir *Parade*, creando así el nombre del movimiento artístico naciente. Cuando el telón se alzó para dejar ver el resto del decorado, el público se sintió más complacido, con una vista de una ciudad con edificios cubistas. Los vestuarios eran bastante convencionales salvo los de los hombres de negocios, verdaderas esculturas cubistas en las que era difícil moverse. La música causó un shock: la combinación de un ragtime, una fuga, un vals a los que además se sumaban los sonidos discordantes de sirenas, disparos y las teclas de una máquina de escribir desconcertó a la mayoría de los asistentes. La recepción del público fue muy despareja, pero la gran mayoría no encontró lo que había ido a buscar. En tiempos de guerra se esperaba algo que afianzara el patriotismo y no un experimento de vanguardia. El público se sintió defraudado.

—Si me lo hubieran dicho, hubiese traído a mis niños—, gritó alguien...

En un momento en que la vida de miles de franceses estaba en juego, el espectáculo parecía carente de tacto. La temporada de *Parade* en París duró solamente dos días. Un periodista criticó duramente la música. Eric, enojado le escribió:

—Señor y querido amigo, Ud. es un culo, un culo sin música.

Hubo un juicio, Jean fue a la cárcel y Eric pasó ocho días arrestado por los vocablos usados. Jean y Eric pasaron por la cárcel, pero pudieron salir.

Mata Hari, sin embargo, seguía moviendo sus influencias para recobrar su libertad. Desesperada, escribía cartas a Georges Ladoux y a Boucheron repitiendo que era inocente. También escribía a su abogado defensor, Clunet, que a pesar de estar enamorado de ella no lograba con todas sus astucias que la trasladaran a su domicilio en libertad condicional. El 5 de junio Margaretha escribió una carta muy interesante. En ella se presentaba escindida. Hablaba de Madame

Zelle y Mata Hari como si fueran dos mujeres diferentes. A Mata Hari todo le estaba permitido, era un personaje de teatro, y pide a Boucheron que por favor libere a Mme. Zelle. Como si estas dos mujeres fueran cajas chinas, una dentro de la otra, pero independientes y con destinos diversos.

Hasta el 24 de julio Mata Hari vivió prácticamente aislada en su celda de Saint-Lazare. Francia estaba pasando por un mal momento y Boucheron también. Hacía poco tiempo había descubierto que su mujer le era infiel. Margaretha Zelle debía pagar dos culpas: su conducta moral y el hecho de haber puesto en riesgo la vida de tantos franceses en la Primera Guerra Mundial. Después de una visita médica es trasladada a otra sección de Saint-Lazare, llamada *La Ménagerie* (el espacio de los animales). De una vida de grandes hoteles y restaurantes, Mata Hari había vuelto a ser primero Margaretha Zelle para luego convertirse en un número, 721 44625.

Luego de una segunda entrevista ella estaba tan segura de que pronto sería liberada, que pidió a Boucheron que le trajera ciertas prendas (y que pagara por su limpieza o los servicios realizados) y que le permitiera ir a ver a su amado. Las cartas que Vladime le enviaba fueron interceptadas y nunca llegaron a sus manos. Él estaba en Épernay, en el Hospital Margarita, a 120 km de París. Luego fue trasladado a París, donde escribió otra carta que ella nunca recibió. Evidentemente, desconocía que había sido detenida. En marzo, con su salud restablecida, salió a buscarla sin poder encontrarla ni obtener información sobre su estado. A pesar de que el 23 de febrero Boucheron recibió un informe en el que se le notificaba que no se había encontrado ninguna prueba entre las pertenencias confiscadas, los pedidos de su defensor, Maître Clunet, para obtener la libertad condicional o al menos su transferencia al hospital, fueron desoídos. Un nuevo informe médico no encontró ningún síntoma particular, solo excesivo nerviosismo y llanto. No se sabe ciertamente si tenia sífilis (de acuerdo a dos pomadas que encontraron entre sus pertenencias que se recetaban para esta enfermedad) o tuberculosis (Clunet decía que escupía sangre). Ella escribió otra carta a Boucheron diciéndole que se estaba volviendo loca, que por favor la sacara de allí. El investigador no pudo obtener ningún dato concreto de todos los amigos de la bailarina, ni siquiera de Georges Ladoux, quien fue muy vago e impreciso en sus declaraciones. El 24 de julio fue trasladada a la Conserjería por toda la duración del proceso, donde fue juzgada por un tribunal militar. Los testigos no aparecieron, solo uno habló en su defensa. Ella misma se había negado a que Vladime se presentara, mostrando por vez primera algo de pudor. En el nombre del pueblo de Francia, el Consejo condenó por unanimidad a Margaretha Gertrudis Zelle a la pena de muerte. Fueron vanos los pedidos de su abogado y de los servicios de Relaciones Exteriores de su país. Qué ironía, ella, que amaba París y Francia tanto como a los oficiales militares, aquí sin distinción de banderas, fue condenada en ese país y por los mismos militares que la vieron desfilar en sus lechos. Las leyes morales difieren de acuerdo al lugar donde te encuentres y el militar que fue tu amante se convierte en tu verdugo. La hipocresía de los moralistas se aferró a la tremenda necesidad de sacrificar a alguien en un momento donde era necesario dar fin a una guerra interminable que ellos mismos habían iniciado. Su ejecución cerró la serie de danzas sagradas y su sacrificio a Shiva se hace realidad en la última danza de Mata Hari. Margaretha Zelle y Mata Hari mueren, una dentro de la otra.

Parade también jugaba con la idea de las cajas chinas, lo que se veía era el espectáculo exterior anunciando uno en el interior del circo al que nunca asistimos. Una especie de publicidad o muestra gratis. Esto era completamente nuevo. Otra novedad consistía en hacer entrar algo tan popular como el circo en el teatro, un espacio reservado a artes más nobles. Además, se habían reemplazado los pasos de ballet por movimientos tomados de la realidad. De ahí que Cocteau hablara de un espectáculo superrealista, mientras que Apollinaire lo bautizaba como surrealista. También era la primera vez que una coreografía se creaba con un grupo de artistas que colaboraban entre sí desde el inicio de la concepción de la obra. Por último, era la primera vez de varios artistas: de Satie y Picasso para ingresar al mundo de la danza y el ballet, de Léonide Massine para incorporar en una coreografía movimientos tomados de la vida cotidiana, de Jean Cocteau para expresarse sin palabras y de Serge Diaghilev para dejarse sorprender por estos cuatro personajes y entrar en una nueva etapa, donde el único elemento de la creación estrictamente ruso era la coreografía. *Parade* era tal vez la primera coproducción rusa-franco-española... Es curioso que el elemento que más se recuerde hoy sea el telón, que no era el de fondo, sino el telón de la boca del escenario, ese que los espectadores ven ni bien entran al teatro, mientras se acomodan en sus butacas y esperan el inicio del espectáculo.

El lunes 15 de octubre de 1917 Mata Hari fue ejecutada en Vincennes y cuatro días después quien la denunciara, Georges Ladoux, fue arrestado como espía alemán. Este sucederse de acusaciones y denuncias traen a la memoria la época del terror posterior a la revolución francesa, donde cualquier sospecha era castigada con la pena capital. El 30 de enero de 1918 los bienes de Margaretha se vendieron en una subasta que recaudó más de 14.000 francos que cubrieron los gastos judiciales.

Antes de morir, Mata Hari le escribió una carta que nunca fue enviada a Jeanne Louise, su hija, quien falleció a los 21 años, el 10 de agosto de 1919, a causa de una hemorragia cerebral, sin haber llegado a percibir ese único gesto amoroso de su madre.

El 10 de noviembre *Parade* se estrenó en Barcelona y Picasso estaba entre los espectadores.

En 1919 Nijinsky hizo su última presentación en público, un solo en St. Moritz. Con un pantalón suelto, una camisa y sandalias puso una silla en el medio del escenario y se sentó enfrentando a su público, compuesto por burgueses vestidos a la moda. Con dos pedazos de tela dibujó una cruz en blanco y negro. Se levantó, abrió sus brazos y dijo:

—Ahora voy a bailar la guerra... la que ustedes no trataron de evitar y de la cual son responsables.

Después fue internado en una institución de salud mental. ¿Quién era el loco?

Luego de muchas peripecias *Parade* pasó por Londres, Roma, Madrid y Barcelona con Tamara Karsavina en el rol de la *Petit fille americaine*. Siguió una gira por Sudamérica, pero Diaghilev no viajó con ellos y eso significó el fracaso de la gira. Volvió a París en 1920, del 21 al 26 de diciembre en una breve temporada en el Théâtre des Champs Elysées, con Lydia Sokolova en el rol protagónico femenino. Esta vez el ballet fue bien acogido y Serge dijo:

—*Parade* es mi mejor botella de vino. No me gusta abrirla muy frecuentemente.

En 1922 murió Marcel Proust, gran amigo de Astruc. Un año después Elvira Agustinelli Guzmán y Arturo Álvarez Insúa viajaron a París con su hijo Arturo. Elvira se había quedado embarazada, pero finalmente perdió a su hija. Arturo trataba de llevar una activa vida social para distraer a su esposa, que estaba enferma y deprimida. El 16 de junio decidieron ir al teatro Lírico Musical de la Gâité. El programa elegido fue la 16ta estación de los Ballets Rusos con un espectáculo compuesto por cuatro ballets: *Chout (El bufón)*, *Noces*, *Parade* y *El príncipe Igor*.

El 21 de marzo de 1925 se estrenó en Montecarlo *El niño y los sortilegios*, la segunda ópera de Maurice Ravel. El texto es de Colette, *Divertissement pour ma fille*. Cuando Colette le pidió a Ravel de musicalizarlo la respuesta fue:

—Me gustaría hacer eso, pero no tengo una hija...

El mismo año el matrimonio Insúa volvió a Buenos Aires y al año siguiente los dos Arturos lloraban la muerte de Elvira, acaecida justamente el único día del año que no debería haber estado allí: el 29 de febrero. La tuberculosis la había devastado. Arturito tenía cinco años. Le dijeron que la madre se había ido de viaje.

Pasaron varios años hasta que Poulenc se decidiera a musicalizar *Les Mamelles de Tirésias*. De hecho, en 1935 la viuda de Apollinaire aprobó el proyecto y la ópera se estrenó recién en 1947 en la Ópera Cómica con escenografía y vestuarios de Erté.
El programa del Metropolitan ya estaba armado...

Segunda parte

*...Porque no hay nada -creo yo- que asuste más
que un acto de verdadero amor.*

Arturo Jacinto Álvarez

5- Se dice de mí...

En 1939, veintidós años después del estreno de *Parade*, dos de sus creadores habían desaparecido: Diaghilev y Satie. Picasso, Cocteau y Massine seguían activos. De los cuatro coreógrafos de la primera parte: Mata Hari, Agostinelli, Massine y Nijinsky, solo sobrevivía un descendiente: el hijo de Elvira.

El telón de *Parade* viajó, junto a otras obras de Picasso y de artistas franceses, a Buenos Aires. Formaba parte de las obras a exhibirse en la muestra bautizada *"La Pintura Francesa —de David a nuestros días—"*. La exposición se desarrolló siguiendo el plan acordado, pero el inicio de la guerra impidió que las obras volvieran a Francia en la fecha asignada. Un argentino se interesó en el telón y quiso que esa obra pasara a enriquecer su colección artística, era Arturo Jacinto Álvarez. Un personaje singular que podemos describir valiéndonos de las obras literarias que nos legó. Dejemos que él mismo se presente y nos cuente su vida.

Hoy he decidido contar mi historia porque me he dado cuenta de que toda la información que circula sobre mi vida es tendenciosa. Muchos escritores han introducido en sus novelas partes de mi historia, como si yo fuera un personaje literario. O como si hubiera dos o más Arturos. En un momento pensé que yo era la reencarnación de Mata Hari. Habían pasado 488 días entre su muerte y mi nacimiento. No se cuánto tiempo se necesita para poder reencarnarse, pero yo creo que es suficiente. Manuel Mujica Láinez, Manucho, ha delineado un personaje sobre mi figura en su obra *Invitados en el Paraíso* (1956). Silvia Moyano del Barco lo hizo en *Luz era su nombre* (1962), donde me apoda Jazmincito. Silvia Molloy también en *El común Olvido* (2002) y me bautizó Armandito. Y hace decir luego a uno de sus personajes:

—*"Además, qué queres, m'hijo, la gente siempre queda mejor en los cuentos que en la vida real"*.[2]

Como si mi vida no tuviera valor. En realidad, todos han sido bastante crueles. Siempre me presentaron como un objeto extraño. Mi nombre en diminutivo, como si el tamaño de mi personalidad fuese minúsculo. Y eso que todos los que hablaron de mí eran del ambiente, como dice Silvia Moyano del Barco (que según algunos era un seudónimo utilizado por Estela Canto) en *Luz era su nombre*. En esta obra me sientan en un bar tomando un té con limón. Camilo, un hombre que buscaba un interlocutor, había concurrido a este restaurante sabiendo que era frecuentado por homosexuales. Buscaba sugerencias para saber cómo actuar con una determinada mujer. Después de todo, tenemos cierta habilidad, al compartir características de ambos sexos, para aconsejar a un hombre machista que no quiere rebajarse a pedir consejo a una mujer. Ese momento nos permite además acercarnos a alguien que de otra manera no nos hubiera dirigido la palabra por temor al que dirán. Además, si ese hombre nos gusta, podemos aprovechar para acercarnos más de lo que una conversación formal hubiera permitido, susurrarle cosas al oído, posar nuestra mano descuidadamente en su hombro, fantasear una relación con él en el transcurso del diálogo. Yo tomaba té, pero él bebía cerveza y el alcohol a veces derrumba mecanismos inconscientes y... Pero con Camilo mis fantasías quedaron como tales. Que era lo que ocurría en la mayoría de las ocasiones en las que yo me empeñaba en hablar con hombres que no hubiesen iniciado por su cuenta un diálogo conmigo...

Camilo, en la ficción, estaba un poco molesto por el tono de mi voz que, según él, llamaba la atención de los demás, mi gesticulación algo ampulosa, poco común entre la gente humilde, y mis ruidosas carcajadas. Algo de razón tenía, pero hay cosas que no puedo y no quiero cambiar. Y después de leer el libro me di cuenta porqué no quería que la gente escuchara nuestro diálogo. Él estaba casado y me pedía información sobre una relación extramatrimonial; muy guapo, este Camilo, pero muy limitado...

También Manucho fue cruel, pensar que yo lo estimaba tanto...

Me bautizó Tony y me describe moreno, bajo y feo a mis treinta años. No habla de mis cualidades, de mi generosidad, de mi estilo (quizás por no sentirse comparado en un rubro en el que él ha querido destacarse). En fin, *"Hablan Sancho, señal que cabalgamos..."*

Si hay algo en lo que coinciden los tres es que fui un dandi. Bernard Howells cita una frase de Jules Barbey d'Aurevilly en su obra *Baudelaire: Individualism, Dandyism and the Philosophy of History* que dice: *"El dandi solo existe cuando hay ojos, los suyos u otros, para mirarlo. Como una imagen en el espejo que desaparece cuando no hay nadie para mirarla, el dandi no deja rastro en la historia".*[3] Los dandis se caracterizan por su refinada y sobria elegancia en el vestir. No eran aristocráticos, sino burgueses, orgullosos de su formación cultural, algo arrogantes y amantes de la polémica. Generalmente vivían en ciudades y despreciaban el mundo rural. Yo era una excepción, un dandi rural. Esa fue la imagen que cultivé. Siempre me gustó sembrar la duda; no sabía el precio que tendría que pagar por hacerlo. Y llevé esto al límite de que mucha gente no sabía de qué manera tomarme. Como un maniquí perfecto, desbordante de buen gusto en mi vestimenta, refinado, con un auténtico toque francés que me elevaba sobre el resto de los mortales. Como el día en que, envuelto en una capa de alta costura creada por mi amiga Ana de Pombo, directora de la casa de moda Paquin, permanecí inmóvil durante toda la noche en la vidriera como un maniquí ante la mirada atónita de los pasantes.

> Me quedé horas así, hubo un momento de inquietud. Pasó una de esas barritas de muchachos, que quizá venían de ver un partido de futbol y empezaron a discutir si yo era un maniquí o un ser real. Decidieron que era un muñeco porque, según ellos, no existía nada parecido en la vida real.[4]

Manucho decía, si trato de rescatar algo positivo de sus descripciones, que sabía adular con estilo y oportunamente. Es el único que relata que uno de mis ojos era de color más claro que el otro, sin especificar cuál de ellos... Elogió mis manos elegantes, mis dedos delgados y estilizados. Hay un pasaje donde contrasta mis cualidades con las de Silvano, nombre que usa para describir al gran artista plástico Miguel Carlos Victorica, que en 1932 había ganado el primer premio en el Salón Nacional de Artes. En un acto casi vandálico utiliza más de cuatrocientas palabras entre dos puntos para hablar de mi frivolidad, describiendo como mis únicas preocupaciones el ocio, escuchar la tetralogía de Wagner en mi palco, ocuparme de la vida de los demás (su situación, como él expresa) para terminar con una imagen que no me disgusta de un tablero de ajedrez donde:

> a pesar de la aparente inmovilidad inexpugnable de las piezas en los casilleros ganados a fuerza de dinero y de tradición mundana, cambia siempre, pues los peones son devorados en inevitables jugadas sucesivas, y los reyes y las reinas se saludan sin cesar mientras caminan con lentos pasos de baile hacia su muerte.[5]

Manucho respeta algunos rasgos míos y de El Paraíso, pero invierte las informaciones sobre mis padres, así como datos sobre mi colección artística:

> *"Adquirió un telón inmenso pintado por Braque para un ballet ruso, por encargo de Mme. Nijinska, y lo tuvo enrollado en el "hall" de su departamento como una alfombra inservible, sin que se le ocurriera donde colocarlo".*[6]

Nací un día de carnaval, el 14 de febrero de 1921, en la Capital Federal; en la calle Esmeralda, para ser más precisos. Mis padres no estaban casados y mi madre estaba enferma. Mi abuela Melchora me llevó a una quinta de Morón, y así viví la mayor parte de mi infancia entre las estancias de mi familia, mis nodrizas y la peonada; entre La

Melchora y La Soledad. Un psicoanalista me obligaría a detenerme en este preciso instante,

—¿Puede repetirme por favor esta última frase? — me diría.

—Si. Viví entre la Melchora, mi abuela, y La Soledad, el campo. Quizás esta sea la manera más sintética de abreviar mi vida. Pero hubo mucho más.

De este paisaje sumamente bucólico pasé a París sin escalas, cuando apenas tenía dos años y permanecí allí hasta los cuatro.

¡Cuánto agradezco este obsequio! Sí, era un niño, pero el aire que respiré en Francia me impregnó de un encanto que permaneció adherido a mi piel durante el resto de mis días. Los paseos al borde del Sena, la visita de los monumentos, las reuniones sociales y nuestra casa parisina dan vueltas en mi cabeza y afloran aquí y allá cuando algún disparador moviliza las células de mi memoria y realiza ciertas conexiones cuyo mecanismo desconozco, pero doy fe de ciertos *dejá vu*, imágenes que pasan delante de mis ojos cerrados como un veloz tren que atraviesa pueblos desconocidos con el ensordecedor pitido de la locomotora como banda sonora.

A los cuatro años regresé a la otra mitad de mi ser, la campestre, sí, pero en versión aristocrática. Me volvieron a abrazar los voluminosos y amados brazos de Melchora. Volví entonces a la sombra de los plátanos, a respirar el perfume de los eucaliptos y las flores de los aromos, a oír los lamentos de los sauces llorones, rodeado de mujeres, gallinas y perros. En el campo vivíamos nosotros tres junto a mi institutriz, un ama de llaves, una cocinera y dos mucamas, Esperanza y Generosa. Si bien era feliz en esos días, había cierta monotonía en nuestras vidas, por eso cada visita era motivo de gran movilización. Muchas fueron las horas de espera que he pasado junto a la puerta, en la galería, cuando sabía que alguien estaba por llegar. Con ellos me enteraba de las cosas que sucedían fuera de nuestro cerrado círculo, las costumbres de la ciudad, la moda del momento. En fin, todo lo que pasaba afuera parecía más excitante que nuestro cotidiano devenir.

En el galpón se reunía la peonada antes de salir a trabajar. Como crecí entre ellos siempre les tuve cariño y los traté como a mi familia. Mi padre era diferente y no aprobaba mis relaciones de igual a igual con el personal doméstico. Era un hombre alegre pero severo, alto y delgado y tenía un anillo con una piedra azul que yo tomé como una piedra con poderes especiales para crear momentos mágicos. Se bañaba todos los días a las cuatro de la tarde y se ponía una colonia muy fuerte. Luego salíamos en el Ford a comprar las provisiones y el pan fresco de cada día junto a Esteban, uno de los peones. Francisca nos daba anotado en un papel todo lo que necesitábamos comprar y le daba a Esteban las recomendaciones necesarias y debo decir, para hacer justicia, las innecesarias también, para que controlase la mercadería. Esteban fumaba hasta que aparecía mi padre, que dejaba al pasar un halo de perfume, seguido de Amelia que cuidaba cada uno de los detalles de su vestimenta y aseo. Mi padre manejaba, yo iba a su lado y cuando llegábamos me daba un beso y cinco pesos para comprar revistas y caramelos. A veces prefería estar entre los hombres, más ligeros y despreocupados, que no me interrogaban donde aprendía las canciones que cantaba. En el pueblo tanto papá como Esteban bromeaban con las muchachas y les decían cosas. Podíamos hacer cualquier locura que yo inventase porque me querían y eran divertidos. Casi siempre me dejaban en el almacén de Don Próspero. Allí me paseaba comprando galletitas, chocolates y alguna revista. Al fondo había un galpón lleno de forraje, donde raramente llegaban los dependientes. Ahí me instalaba, acostado sobre el pasto de los fardos, donde cómodamente leía y comía hasta que la bocina del coche me indicaba que era la hora de volver a casa. Este era uno de mis paseos preferidos.

Después mamá se enfermó y todo cambió. Iba todas las tardes a visitarla a su cuarto de la mano de Generosa. Mamá me revisaba, especialmente las rodillas, para ver si estaba limpio, luego me ponía colonia y finalmente me daba caramelos de un frasco que estaba en el ropero.

—Alcánzame el frasco de caramelos —, me decía.

Yo me subía a un taburete y lo aferraba con mis dos manos. Caminaba con el frasco entre mis manos como si fuera un ánfora griega fragilísima y se la entregaba solemnemente a mi madre. Ella tomaba el frasco y lo destapaba diciéndome:

—Arturo, no hagas enojar a tu padre ni a tu nodriza. Por favor, sé obediente y no fastidies a la peonada.

Recuerdo que un día me llevaron al sanatorio a operarme de apendicitis. Fue a verme una señora muy bien vestida, con facciones más armónicas que las de mi madre, que me regaló una caja de soldaditos. Era la madre de Vicente y Santiago Nazares, algo así como dos ángeles. Me había mostrado una fotografía que encendió mi curiosidad sobre los niños. Los dos eran rubios, con rizos y ojos claros. Santiago era mi preferido. Generosa y Lola, la mujer que cuidaba a mi madre, hicieron desaparecer la caja de soldados. Le conté a papá, pero no hizo nada. Entonces le conté a mamá, yo quería recuperar mi regalo. Ella hizo una investigación con las demás mucamas. Yo las oí en el cuarto contiguo y me dio tanta rabia que desgarré una de las blusas finas de mi madre. El castigo fue un baño de agua fría. Después me llevaron con mi abuela que, para mí, más que un castigo era un premio. Las mujeres siempre estaban vigilándome y se quejaban. Pero ella era distinta. Y entre las faldas de Melchora yo era el hombrecito más feliz del mundo. A veces me fastidiaba tanta misa, tanta procesión: Doña Mercedes, como todos la conocían, era muy religiosa. Mi madre murió de tuberculosis cuando yo tenía 5 años.

> Esa noche, yo estaba despierto porque se oían pasos en los pasillos del departamento. A la mañana, Mademoiselle Suzanne, la institutriz, y Melchora me vistieron. Tomamos un desayunito. En un tren a vapor me llevaron a Moreno. Fuimos a la estancia La Azotea. Me habían dicho que mamá se había ido

de viaje. Depués de un tiempo, vino mi padre. Me sacó a pasear por el campo en un coche y me dijo: — "Mirá Arturito, tu mamá no se ha ido a París, ni a Montevideo. Tu mamá se ha muerto". Sentí que me habían engañado.[7]

Mi padre se convirtió en un hombre ausente. A mediados de semana partía para Buenos Aires y se quedaba hasta el fin de semana. Sus estadías en la estancia se fueron haciendo cada vez más breves y espaciadas. La señora que me había regalado los soldaditos comenzó a venir al campo un año después de la muerte de mamá. Yo creo que fue en ese momento cuando nació nuestro distanciamiento. Mientras mamá vivía había un equilibrio que desapareció. A papá no le gustaba que yo leyera novelas, él solo leía revistas militares. Tampoco le gustaba que leyera libros en otros idiomas. Algunas veces me pegaba en la cara y en el pecho. Yo aguantaba sin llorar. Él era corpulento y fuerte, pero a mí no me daba miedo. Y me daba un enorme placer molestarlo. Si sabía que a él le producían malestar el tono de mi voz, mis gestos grandilocuentes, mis movimientos andróginos, cuando estábamos juntos en público yo los exageraba, mirándolo fijo a la cara. Lo desafiaba.

Luego de un par de años con institutrices en el campo pasé de repente a una escuela en Buenos Aires, donde desconcertado sufrí el acoso verbal de mis compañeros, seres tan impuros como mal educados, que me calificaban de afeminado cada vez que intervenía en una conversación. Esta realidad me era muy difícil de soportar, por eso me refugié en las letras. Como a mi padre le molestaba tanto que leyera, decidí ser escritor para llevar mi osadía al límite mayor. La literatura se convirtió en mi nueva arma, una manera de sacar a luz mis fantasmas, de decirle al mundo quién era yo, que tanto tiempo había pasado en silencio en la soledad de la pampa.

Traduje obras del inglés al español, escribí poemas y a los 27 años fundé la editorial La perdiz y publiqué dos obras mías, *Un almuerzo sagrado* y *Evocación de la soledad*.

De todo lo que escribí, mi novela preferida es *Esvén*. Allí recuerdo los años transcurridos entre el fin de mi infancia y el principio de la adolescencia. Una edad crucial para mí, donde descubrí con dolorosos golpes la naturaleza de mi sexualidad. Esvén era el nombre de mi perro, que provenía de un personaje de una novela que había leído mi madre, *Trilby*. La novela la había escrito George de Maurier por 1894. Svengali era un personaje siniestro que a través de la hipnosis dominaba a una mujer que tenía una hermosa voz. El nombre Svengali fue acortado y le pusimos una "e" para hacerlo más dulce. Fue la tercera opción, después de Azabache y Diablo.

En sus páginas recuerdo mi relación con dos chicos de mi edad, Luciano y Zulema, así como la aparición de Lila, una perra que sedujo a Esvén. Yo cursaba la secundaria libre, en mi casa. Cuando cumplí catorce años Luciano, un vecino, se sumó a mis clases particulares. Era mayor de un año, más robusto y fuerte. Venía todos los días a mi casa en su bicicleta, comprada con cincuenta pesos que le habían dado sus padres más ciento veinte que se había ganado vendiendo su álbum de figuritas Nestlé. La bici le permitía ir y venir al pueblo a su antojo y yo estaba al tanto de lo que allí sucedía gracias a mis interrogatorios a Luciano. Por ese entonces, una muchacha se agregó a nuestras aventuras. Era Zulema, la hija de una mucama que trabajaba en la estancia. Yo hacía planes fantásticos en mi cabeza donde los unía en matrimonio y los dejaba al cuidado de la casa mientras yo viajaba por el mundo con mi perro Esvén. Entre viaje y viaje pasaba por la estancia unos días y ellos se extasiaban con mis historias exóticas.

Un día de mucho calor le dije a Luciano:

—Vamos a bañarnos al río.

Me dijo que no tenía traje de baño, pero yo le ofrecí uno de los míos y nos fuimos. Él se estaba metiendo en el agua y a mí se me ocurrió fumar mientras contemplaba su cuerpo a contraluz. Le pedí un cigarrillo y me dijo que los sacara del bolsillo de su pantalón. Ese día descubrí, gracias a una carta que leí a los apurones para evitar que se diera cuenta, una nota de Zulema que me hizo comprender que ellos estaban juntos.

—¿Los encontraste? — me preguntó todavía mirando fijamente el agua.

—Sí sí —, le dije tartamudeando mientras doblaba y metía de nuevo en el bolsillo la nota.

El dolor que sentí fue muy grande, pero mucho mayor fue el que tuve después, cuando Esvén se fue detrás de Lila, la perra en celo. Esa noche no fui a dormir a la casa. Me quedé toda la noche a la intemperie. Me recosté sobre el pasto y, en el silencio de la noche, oí sus aullidos y los de otros perros, no solo la Lila. Empecé a imaginar cosas, tratando de saber qué era lo que estaba pasando. ¿Te estaban atacando, Esvén, o estabas haciendo el amor con Lila? El momento de inquietud pasó para dar lugar a una sensación placentera. Una incipiente erección me sorprendió mirando la constelación Can Mayor, uniendo con líneas imaginarias las estrellas que la formaban. Cuando distinguí a sirio, la estrella más brillante, mi mano derecha ya acariciaba mi sexo. Mis ojos recorrían el cielo buscando más estrellas y mi mano comenzaba a subir y bajar en un movimiento lento y grato. A medida que identificaba más estrellas, me premiaba acelerando el ritmo del movimiento ascendente y descendente. Y así, sobre las pampas, tirado boca arriba a medio desvestir sobre el pastizal, llegué por primera vez al orgasmo. Una gran paz siguió a los febriles movimientos y espasmos. Y en esa gran paz pude distinguir al Can Mayor en todo su esplendor y viví un trance del que salí dos horas más tarde. En esos momentos sentí que era un dios.

"Me sentí tan superior al mundo, tan alejado de los problemas que me habían inquietado hasta esa noche, que tuve la convicción de ser digno de poder ingresar a un mundo divino".[8]

Tarde me di cuenta de que este éxtasis era obra de Esvén: él había hecho el amor con Lila no por lujuria, sino para darme a mí ese momento de placer. Lo perdoné y luego le agradecí. A partir de ahí compartimos tardes de té y bizcochos en un refugio que era solo nuestro.

Su pérdida fue muy angustiante, pero yo estaba acostumbrado a quedarme solo, sabía que no podía confiar en los demás. Comprendí que era el ser que había amado más:

> Porque los ojos de Mercedes me hicieron conocer el poder y la magia; los de Santiago, el deslumbramiento, que luego se transformó en beatitud y unción; pero los tuyos fueron el amor (...) tengo la impresión de que desde que nací el mundo se detuvo en la noche, de ex-profeso, para serme adverso y yo me veo obligado a caminar descalzo entre zarzas y cascotes para encontrar el día, y el recuerdo de tus ojos es el albergue que encuentro cuando ya desfallezco de sed, de hambre, de frío y de cansancio. Allí me recupero y tomo fuerzas.[9]

Tuve otros perros después de Esvén, pero sólo recuerdo una: Gasa. La rescatamos sucia y enferma. La tuvimos que lavar tres veces para poder decir que su piel estaba suavecita como una gasa, de ahí su nombre. Y vivió entre los perros hasta entrar en celo. Todos tuvieron sexo con Gasa, algunos de ellos varias veces. La fiesta duró toda una noche. Al otro día el silencio envolvió el campo. Pensé que Gasa estaba dormida, pero después de acercarme y tocar su cuerpo frío, me di cuenta de que estaba muerta. Alguien la había matado. Así que la enterré, sin alertar a los demás de la estancia porque desconfiaba de todos. Uno de ellos era el asesino. Salí y cuando volví comprobé con náuseas que los perros habían desenterrado el cuerpo de Gasa. La perra estaba muerta, pero el olor de su celo todavía estaba presente. No daba crédito a mis ojos. Me sentía tan deprimido que Luciano, al verme, se asustó. Conociéndome, me preguntó si quería ir al cine con él, pensó que sólo una película podía hacerme cambiar el ánimo. Yo no tenía ganas, pero me acordé que habían estrenado Mata Hari en la capital. Había oído en la radio los elogios de los críticos más severos a Greta Garbo, quien personificaba a la enigmática bailarina. Le dije que sí, pero ese día todo estaba en mi contra. Por problemas logísticos entre mi padre, las mucamas y mi abuela, no pude salir de la estancia. Estaba tan angustiado que hubiese querido que un fuego brutal arrasara con todo. Sufría por Gasa, por Mata Hari y también por Greta, que era una de mis diosas.

Mi vida se dividía entre los períodos en el campo, los viajes a Mar del Plata, una escapada a Luján y las estancias en Buenos Aires. Y como veía más animales que personas, empecé a ver cómo quienes me rodeaban se parecían a animales del monte. Mi bisabuela Marianita Cufre, escurridiza como una liebre, mi padre como un mataco, Luciano como un gato montés y Zulema…como una víbora.

Cuando cumplí los 18 años recibí la herencia que me había dejado mi madre y ahí di libertad desenfrenada a mis deseos. Había vivido como un prisionero. El campo no me desagradaba, pero yo quería vivir en Buenos Aires. En fin, lo que tenía de bueno el campo era esa paz sin distracciones que me permitían leer en las largas tardes de hastío. Allí compartía mis horas con los personajes creados por Margaret Kennedy, García Lorca, Chejov y otros autores que dejaron en mí una huella imborrable. Pero ahora podía ir al cine, al teatro, la ópera, ver espectáculos de ballet, viajar a París cuando quisiera: la herencia parecía no tener límites.

Poco a poco me volví un coleccionista de piezas de arte muy particulares. Algunas obras eran ortodoxas, como el Renoir, otras de admirados artistas contemporáneos como Valentine Hugo, Jean Cocteau y Christian Bérard, todos vinculados al teatro. Llegué a tener también nueve obras de uno de mis artistas favoritos, Constantin Guy.

El clan de poetas, músicos, pintores, princesas, modistas, bailarines, fotógrafos y vizcondesas, que marcan nuevos rumbos en el teatro, orientan la moda, imponen estilos diferentes en las casas, y a veces, creando nuevas palabras, enriquecen o pervierten un idioma, o sea lo que los señores de la galería llamaban "gente rara", fue, durante esos años, el único mundo que yo le hice frecuentar al Pollo. Creé un personaje arquetipo de ese mundo, aquel, que sin saber dibujar una silla, ni componer una partitura de piano para acompañar un poema, ni darle forma definitiva a un vestido, ni regular los pasos de un ballet, gravita (con la espontaneidad de sus ocurrencias y con ese enfoque particularísimo con que ilumina la vida) en forma insospechada, en la creación de todo esto.[10]

Yo pertenecía a este grupo de gente. Y me sentía orgulloso de esta familia que me rodeaba. Podía pasarme el día entero hablando de teatro, de literatura y pintura acompañado por artistas talentosos. Mientras Juan José Hernández se burlaba de mi interpretación de Fedra, Norah Borges sacaba unos lápices y me hacía un retrato... Soldi me hizo uno en tiza y lápiz y hasta Silvina Ocampo me retrató una vez, dibujo que terminó en mi libro *El almuerzo sagrado*. Era muy amigo de la escenógrafa Esmeralda Almonacid, que me sacó de apuros más de una vez y también me agradaba la compañía de las mujeres más bellas y audaces de la alta sociedad. Recuerdo particularmente a María Marta Sánchez Elía, Betina Álzaga, Malena Nelson Hunter y María de Atucha condesa de Cuevas y Vera.

Vivía en el Hotel Crillon, séptimo piso, habitación 728. A cada lado de la puerta se erigían cual centinelas mis dos esfinges:

Adela y Josefina. Iba mucho al teatro y seguía a mis actores predilectos en cada puesta. Entre las actrices más admiradas recuerdo a Margarita Xirgu especialmente en su inolvidable interpretación en *Doña Rosita la soltera*, de Federico García Lorca. Margarita había venido de gira a Latinoamérica en 1936 antes del comienzo de la guerra civil y se había quedado aquí con su compañía a la espera de un cambio en su país natal. Tomó la ciudadanía uruguaya y trabajó en Montevideo y Buenos Aires. Me hice amigo además de Enrique Álvarez Diosdado, uno de los miembros de la compañía que la escoltó en su exilio. Margarita y Enrique trabajaron en teatro y también hicieron una película juntos, *Bodas de sangre*, en 1938.

Frecuentaba la ópera y alentaba a mis amigos a ir a comer a *Edelweiss*, un lugar para mirar y ser mirado, después de cada función. Allí me sentía como en casa, yendo de mesa en mesa, comiendo en una la entrada, en otra el plato principal, en otra el postre y en una última el café; besando en la mejilla a hombres y mujeres, que en esa época era todo un atrevimiento. Comentábamos el vestuario, la escenografía y el virtuosismo de una soprano, brindando con champagne y ordenando nuestros platos preferidos. A veces llegaba mi padre y yo, nervioso, exageraba mis gestos y remilgos para provocarlo.

De vez en cuando me gustaba volver al campo. Allí cultivaba rosas de diferentes colores; una de un fuerte colorado, *Madame Éduard Herriot* y dos naranjas, una con pintas, *Talismásn* y otra con manchas rosas, *Ville de Paris*. Cada vez que iba, la tarea más difícil era despedirme de mis amados paraísos, aromos, eucaliptus, cedros y plátanos, con los que entablaba largos diálogos mientras me paseba bajo sus sombras. También dialogaba con las perdices, los tordos, las lechuzas, las garzas y las calandrias. Los temas de conversación, después de las consabidas quejas acerca del calor, eran las formas de las nubes, las preguntas sobre qué árboles preferían para anidar y cúando llegaría la próxima carreta con visitantes. A veces también impartía órdenes a los lagartos, las iguanas, las comadrejas y los hurones. Todo tenía que estar en orden en el campo. También conversaba, cuando mi padre no estaba en su habitación, con la Santa Teresa del tapiz y le contaba mis experiencias místicas. Y por último saludaba a mi madre, besando el retrato que la mostraba huérfana, sentada en una silla, a los 9 años.

Por esos años murió mi padre. Ninguno de los dos se había preocupado por restablecer un vínculo que fuera más allá de la camaradería en la que nos desenvolvíamos desde la muerte de Elvira. Sentí mucha tristeza al advertir que ahora estaba completamente solo.

6- El cuestionario de Proust

¿Principal rasgo de su carácter?
   Generosidad
¿Qué cualidad aprecia más en un hombre?
   La inteligencia
¿Y en una mujer?
   La inteligencia
¿Qué espera de sus amigos?
   Complicidad
¿Su principal defecto?
   No puedo perdonar
¿Su ocupación favorita?
   Provocar
¿Su ideal de felicidad?
   Vivir rodeado de amigos artistas
¿Cuál sería su mayor desgracia?
   No poder expresarme
¿Qué le gustaría ser?
   Actor
¿En qué país desearía vivir?
   Argentina
¿Su color favorito?
   El rosa shoking
¿La flor que más le gusta?
   La flor del aromo
¿El pájaro que prefiere?
   El Pitangus Sulphuratus (benteveo o bichofeo)
¿Sus autores favoritos en prosa?
   Marcel Proust y André Gide
¿Sus poetas?
   Jorge Luis Borges, Federico García Lorca, Charles Baudelaire y Walt Withman

¿Un héroe de ficción?
    Orlando
¿Una heroína?
    Fedra
¿Su compositor favorito?
    Gabriel Fauré
¿Su pintor preferido?
    Constantin Guy
¿Su héroe de la vida real?
    Proust
¿Su nombre favorito?
    Santiago
¿Qué hábito ajeno no soporta?
    La mala educación
¿Qué es lo que más detesta?
    El autoritarismo
¿Una figura histórica que le ponga mal cuerpo?
    Todos los caudillos
¿Un hecho de armas que admire?
    La batalla de Normandía
¿Qué don de la naturaleza desearía poseer?
    Conocer el lenguaje de las plantas, los animales y las nubes
¿Cómo le gustaría morir?
    En el regazo de Santiago
¿Cuál es el estado más típico de su ánimo?
    El misticismo
¿Qué defectos le inspiran más indulgencia?
    El chisme
¿Tiene un lema?
    El que ríe último ríe mejor

7- El telón de Picasso

1946 fue un año muy importante para mi: cumplí un cuarto de siglo, volví a París y me convertí en el dueño del telón de Picasso.

En París asistí al estreno de *La joven y la muerte*, el ballet de Roland Petit con Leslie Caron. Allí pude ver entre el público a todos mis héroes y heroínas. Cocó Chanel, Jean Marais, Boris Kochno, Vincent Minelli, la vizcondesa de Noailles, los condes de Beaumont y Louise de Vilmorin. En este viaje me entrevisté con la mítica Misia Sert. ¡Qué satisfacción, encontrarme con una de una de las hadas de *Parade*, una de las mujeres que operó la gestación del objeto de mi colección! Misia sólo conocía a Zelmira Paz y Evita Perón en Buenos Aires y me preguntó por ellas. Sospechó que yo era peronista, pero yo la disuadí. Terminamos el diálogo con un fresco:

—¿Ud. está seguro de que es argentino?

Les voy a contar cómo llegó a mis manos el telón de Picasso. Fue durante la presidencia de Roberto María Ortiz, cuando Georges Huisman era el director del Museo de Bellas Artes.

Nunca me había perdido una inauguración importante en el museo. Ese 18 de julio, a pesar del frío, me armé de ganas y fui a Bellas Artes. Ésta tenía además un interés especial para mí: iban a exhibir pinturas francesas de David hasta nuestros días, tal como lo anunciaba el titulo de la exposición, que iba a estar desde julio hasta agosto de 1939. Ya en la Avenida Alvear distinguí las banderas de Argentina y de Francia entrelazadas en la puerta del Museo, que de manera extraordinaria estaba iluminado con potentes focos. Todos estaban convocados: desde el presidente Ortiz, el vice, ministros, legisladores, el gobernador de Buenos Aires, el embajador de Francia, el cardenal primado, autoridades de la universidad y de la Comisión Nacional de Cultura. La música comenzó puntualmente, a las 18 horas; primero oímos el Himno Nacional y luego la Marsellesa, ambos interpretados por la Banda Municipal dirigida por el maestro José

María Castro. El discurso de inauguración que siguió fue pronunciado por el embajador de Francia, Marcel Peyrouton, y luego el presidente de la Comisión Nacional de Bellas Artes, el senador Antonio Santamarina, tomó la palabra para exaltar los valores de la muestra. Rene Huygue, conservador del Departamento de Pintura del Museo del Louvre y comisario general de la exposición, realizó una pequeña visita guiada deteniéndose en las obras claves de la muestra. Primero seguí al contingente, pero pronto me detuve frente a una de las obras y continué solo. Mientras me paseaba por las 23 salas de la pinacoteca me iba dando cuenta de que mi viaje había sido increíblemente fructífero. No solamente era interesante por la evolución que mostraba en este período (1800-1939), sino que había un gran número de pinturas de algunos de mis artistas favoritos. Pude ver por primera vez obras maestras de la pintura contemporánea. No eran solamente obras del Louvre, había tesoros del Museo de Luxemburgo, Versalles, Burdeos, Petit-Palais, Carnavalet, Aix, Ruan, Montpellier, Marsella, Grenoble, Reims, Nancy, Pau, Besanzón, Argel y Amsterdam, así como obras exhibidas en el edificio de la Comedia Francesa. La idea de la muestra había surgido de un viaje realizado por Huygue a nuestro país en 1938, donde había verificado, por un lado, el interés por las artes y la cultura de nuestro país y, por el otro, esa especial relación fraternal que une a Argentina y Francia. Para mí, amante de las letras francesas de ese mismo período, el festín era doble.

El primer piso estaba destinado a los pintores del siglo XIX. Abría este espacio la imagen de Napoleón en plena batalla retratado por Antoine-Jean Gros en *Napoleon au pont d'Arcole*. Esta obra fue pintada en Nápoles en 1796 y para representar el triunfo de Napoleón sobre las tropas austríacas en territorio italiano. Allí pude contemplar también a *Madame Recamier*, sentada en la obra de François Gérard. Me enteré que David había dejado sin terminar su retrato de la misma mujer cuando supo que su marido, el rico banquero Jacques Rosé Recamier, había comisionado otra pintura a Gérard, que había sido su discípulo. Afortunadamente había una de mis obras preferidas de

El telón de Picasso

Jacques-Louis David, el *Retrato de Pío VII*. Pude admirar las obras de Millet, Courbet y Daumier, que daban voz al pueblo, mostrando a los trabajadores con lirismo o sarcasmo. Encontré, incluso, una sección dedicada a los libros ilustrados, donde el arquitecto Jean Charles Moreaux había ideado el mobiliario para exhibir 5000 libros.

Pero debo confesar que a mí me interesaban más las obras de este siglo, agrupadas en la planta baja del museo. Allí estaban los artistas tan atacados, que fuera de todo academicismo estaban proponiendo rupturas extremas. Pude ver *El barrilete* de Maurice Poncelet, que se codeaba con *La mujer del espejo* y *La mujer de las medias rojas* de George Rouault. Había también trabajos de Tolouse Lautrec, Odilon Redon, Henry Matisse, y Jacques Derain. *El puente de Gien* de Paul Signac competía con *La ninfa acostada* de Keer Xavier Rousell. *El desnudo con sombrero* de Luc-Albert Moreau se enfrentaba a *La Calle Juana de Arco* de Maurice Utrillo. Un Maurice de Vlaminck, *Casa en un paisaje después de la lluvia*, daba paso a un Vuillard, la *Mujer sentada*. Dos obras de Heni de Waroquier, *Entrevieux* y *La gran vía de Chioggia*, completaban las pinturas de esta sala.

Había obras de Gauguin, Cezanne, Dufy, Braque y Van Gogh. Pero después había otra sala más consagrada a Picasso, donde se exhibían *El Moulin rouge*, su *Cabeza de mujer* y *La respuesta*, tres obras de 1923, *El pintor y su modelo* de 1926, *La mujer de las crenchas* de 1904 y *Tres músicos*, obra cumbre de 1921 donde Picasso incorpora un Arlequín y un Pierrot *"en una armonía de líneas y colores, poderosas y nuevas"*, como anticipaba el programa. Dejé la sala pensando que la exposición terminaba allí cuando me di cuenta de que, después de un corto recodo, había otra sala completamente vacía. Eso era lo que había percibido antes de girarme, pero cuando terminé mi contorsión quedé absorto ante una obra monumental. No podía salir de mi sorpresa porque la obra en cuestión no figuraba en el catálogo. Pero obviamente formaba parte de la muestra. Luego de unos minutos de contemplación me acerqué a la ficha descriptiva y leí: Telón de boca de *Parade*, medidas 10.5 por 16.47 metros, 1917. Volví a tomar distancia de la obra y estaba completamente extasiado contemplándola cuando un ruidoso contingente ingresó en la sala sacándome del trance en el que me había sumergido. Allí fue cuando se me escapó de la boca un:

—Me encantaría tener este telón.

Así, al azar. No recuerdo quiénes estaban a mi alrededor, pero ese comentario corrió, como el agua de un manantial. Tampoco recuerdo bien que pasó después, sólo viene a mi mente la aglomeración de gente que no había podido entrar al museo por haber llegado tarde y la noche de insomnio que siguió a ese día tan movilizador. Solo recuerdo que al llegar a casa pensé que la muestra francesa se abría con Napoleón en Italia y se cerraba con un telón pintado por Picasso entre Roma y París.

En 1940 la exposición viajó a Santiago de Chile. En el programa de mano se podía leer un inspirado prefacio de Paul Valéry:

> El problema general de una exposición es de hacer ver: consiste en juntar, poner en evidencia y en valor lo que está habitualmente disperso, retirado, reservado a unos pocos, poco accesible y para muchos verdaderamente desconocido. Nos ingeniamos a disponer en un recinto y a volver más sensibles a las miradas los medios y los resultados de algunas o de la mayoría de las formas de la actividad humana, ya sea de objetos y funcionamientos, producto de diversas transformaciones útiles o interesantes a las que se sabe someter a la materia, o la energía o a los seres vivientes. Una máquina, una estatua, un mueble, una especie seleccionada todo esto es visible y el problema de exponerlo no es más que un hecho de elección y de colocarlo en un orden y en un lugar determinado.

Pero el principal agente de todas estas transformaciones concebidas, buscadas y realizadas por el hombre, escapa a toda exhibición. En una exposición él está omnipresente por sus efectos y en todas partes ausente por su misma naturaleza. El espíritu, potencia original de transformación, sólo se revela en el orden o el desorden que él introduce en el mundo de las cosas sensibles. Fue entonces una gran y paradójica novedad este diseño ideado por los organizadores a la Exposición de 1937, de dar a ese principio invisible, al espíritu mismo.[11]

La situación europea era muy peligrosa. El pueblo alemán rechazaba los acuerdos pactados en el tratado de Versalles firmado en 1919; no quería que Alemania siguiera pagando a los aliados. La teoría de la puñalada en la espalda *DolchstoBlegende* comenzó a tomar forma: según ella la guerra se había perdido por culpa de grupos extranjeros que habían conspirado contra el país. Como consecuencia, un gran número de militares quedaron desprotegidos. Ellos tenían que buscar trabajo en un país empobrecido, con una economía que caía día a día y una gran tensión social. Este fue el caldo de cultivo para grupos que terminaron aliándose en lo que se dio en llamar nazismo. En septiembre de 1939 Alemania invadió Polonia, dando comienzo así al conflicto bélico más importante de la historia de la humanidad hasta a fecha: la Segunda Guerra Mundial.

La guerra comenzó y las obras de la exposición, que tendrían que haber vuelto a sus lugares de pertenencia, quedaron en el país. Estas son cosas insólitas, lindando en el surrealismo, que suceden en situaciones extraordinarias. El telón pertenecía al coleccionista Pierre Cole, casado con Carmen Corcuera. Mi amigo Ignacio Pirovano le mandó un telegrama con mi oferta. Luego tuve una cita en la embajada francesa y hablé con Monsieur D'Ormesson quien me confirmó que la venta se podía realizar. ¡Él fue a mi casa, firmé unos papeles y ya..., el telón era mío! Pagué una primera cuota de treinta y seis mil pesos y luego mensualmente diez mil hasta los cien mil que era el precio establecido, que al cambio eran como diez mil dólares. Fue en el año 1946. La guerra había terminado, pero ellos estaban empobrecidos y necesitaban el dinero.

No podía tenerlo en capital, ¿dónde lo iba a abrir? Así que con una empresa de mudanzas lo llevamos al campo. ¡Que fiesta cuando llegué a La Melchora con el telón! Convoqué a toda la peonada y les expliqué que éste era mi último tesoro. Les hablé de Picasso y del cubismo. Yo a ellos los tenía muy educados, les enseñaba las buenas maneras y me preocupaba por su aseo e indumentaria. Los peones que trabajaban en la Melchora eran mis amigos. A uno que le gustaba la danza le pagué su formación. A otro le regalé un corte de cachemir que me había regalado mi padre. Siempre los había tratado como iguales. Ese día les expliqué que el telón era muy frágil y entrené a seis de ellos para transportarlo y a cuatro mujeres de la estancia para ayudarlos a abrirlo (ellas eran más delicadas) en toda su extensión cuando yo quisiera admirarlo. Lo primero que hice fue presentárselos como el invitado de honor de La Melchora. Eso es lo que fue el telón en mi vida: un invitado de honor. Para ensayar los pasos a seguir, nos fuimos todos a un claro en el campo.

—¡Con cuidado! —les grité—. ¡Es una obra de arte! —les dije en un tono más bajo y persuasivo, cuando intentaron agarrarlo como si fuera una enorme alfombra.

—Está pintado, y la pintura se resquebraja si lo doblamos mal o lo tiramos de golpe: transpórtenlo como si se tratara de una enorme hoja de cristal —les expliqué.

Ordené que lo apoyaran en el suelo cuando llegamos a una extensión completamente lisa, sin árboles ni matas que interrumpieran el terreno. Lo apoyamos y ahí les pedí que, tomándolo de un solo extremo, comenzaran a desenrollarlo. Las mujeres se intercalaron entre los hombres y, siguiendo una coreografía bajo mis indicaciones, procedieron a extenderlo lentamente.

El sol desapareció detrás de una nube oscura. Poco a poco comenzaron a aparecer los telones rojos y ahí, contemplando ese fuerte contraste con el verde de los pastos, me sacudió el impacto de los colores complementarios.

—¡Más despacio! —les grité con tono neurótico— ¡Esperen!

Me calmé, les pedí excusas y les ordené que continuaran lentamente. La cola de un animal debajo de uno de los pompones del cortinado hizo ladrar a uno de mis perros, y convocó a los demás al gran despliegue. Otro pedazo claro apareció más arriba y, a medida que iban girando la tela, veía aparecer las enormes alas y el hocico de un enorme pegaso que giraba su cuello marcando una curva muy acentuada que dialogaba con la esfera azul apoyada en el piso del escenario.

—Esperen, más despacio —ordené a los muchachos contra mi voluntad, ya que estaba ansioso por ver todo el telón, pero a la vez, cuidaba que la manipulación fuese meticulosa y lenta.

Una bailarina empezó a aparecer sobre el caballo, duplicando en sus alas las de Pegaso.

—Paren, ¿qué es esto? ¡Llueve! ¡A cerrarlo! ¡Despacio! ¡Por acá!

La lluvia nos había sorprendido cuando nuestra atención estaba puesta solamente en cómo abrir el gran telón. Como cuando volvemos hacia atrás una película, mis peones y las mucamas repetían en sentido inverso los movimientos efectuados hasta que quedó completamente enrollado. Con sumo cuidado volvimos al casco y lo dejamos en un gran galpón donde había funcionado una bodega ya en desuso. Dos días después, con el tiempo sereno, decidí abrirlo completamente por primera vez. ¡Qué gran placer contemplar, con una taza de té en una mano y un bizcochito en la otra, aquella maravilla! ¡Esa tela pintada por Picasso (y quién sabe cuántos asistentes) estaba ahí, sobre mi tierra, únicamente para mi beneplácito y gozo! Como la ceremonia tenía que ser especial, yo me vestía con un traje blanco inmaculado cada vez que lo extendía. Fueron varios los días que pude admirarlo. Un día al mes, al menos... Cada vez me detenía en un rincón diferente, ¡era tan grande! Podía pasar horas contemplando el detalle más insignificante de la tela. Recuerdo que otro día lo colgamos entre dos arboles para poder verlo en posición vertical. ¡Qué maravilla! El tiempo que compartí con el telón de Picasso fueron los años más felices de mi vida. Como una segunda infancia...

Por esos años fundé, en 1948 para ser más exactos, una pequeña editorial que bauticé *La perdiz* para publicar obras propias y de mis amigos en ediciones de lujo con ilustraciones de artistas. Funcionó hasta los años 70 y si bien publiqué en total menos de 10 obras, tres de ellas eran de mi autoría: *Un almuerzo sagrado* y *Evocación de La soledad* en 1948 al cumplir 27 años y *Esvén* en 1961, a mis 40. Para el primero, una obra muy corta de apenas 6 carillas, le pedí a Raúl Soldi que realizara las ilustraciones, y usé también un retrato que me había hecho Silvina Ocampo. Ese mismo año le publiqué a Silvina sus *Sonetos del Jardín* con ilustraciones de Héctor Basaldúa, una obra de la condesa de Noailles traducida por Rosa Chacel con ilustraciones de Juan Batlle Planas y un retrato imaginario de Raúl Soldi: *Una carta de las que no se envían*. También publiqué *Evocación de La Soledad* con un retrato y cuatro ilustraciones de Norah Borges. Un año después edité una obra de Marcel Schwob, *La cruzada de los niños,* con prólogo de Jorge Luis Borges e ilustraciones de su hermana Norah y una obra de Adolfo Bioy Casares, *Las vísperas de Fausto,* con ilustraciones de Héctor Basaldúa.

Esvén fue bien recibida por la élite presidida por Silvina Ocampo (*Uno de los libros más inspiradores que he conocido...*), Rosa Chacel (*lo que en él se propone mostrar el autor es que el amor, el máximo bien, hunde sus raíces en el lodo en que se revuelcan los perros...*) y Juan José Hernández (*una compleja alegoría mágico religiosa*).

Siete años después publiqué mi traducción de *En el mar* de Denton Welch con ilustraciones de Josefina Robirosa. Finalmente, en 1973 publiqué la última obra de la editorial *La perdiz*, un texto de Pierre Ronsard con un retrato del autor hecho por Jean Cocteau: *Epitaphe de Courte, chyen du Roy Charles IX, et Dialogue de Beaumont, lévrier du Roy Charles IX, et de Charron.*

Me gustaba alternar mis actividades intelectuales con otras más frívolas, las fiestas. En 1950 di una en el Hotel Crillón que dio que hablar a más de uno. Fue el viernes 15 de diciembre de 1950. Tuve que planificar toda la organización que, aunque no parezca, me causó más de una noche de desvelos. Para decorar la sala recurrí a Jacques Helft, el famoso anticuario francés especialista en orfebrería, instalado en Buenos Aires desde 1948. Me dio dos esfinges de terracota y un cuadro de Paul Huet con dos perros, mis amados animales. Quería música en vivo, así que llamé al maestro Mario Césari y su orquesta. Él se presentaba siempre en el Tabaris y había trabajado también para el cine. Recuerdo que esa noche Mario interpretó en piano dos de mis melodías preferidas, *Noche y día* y *Polvo de estrellas*. Decidí congregar a ocho personas por mesa, con un regalo para cada invitado y en cada mesa puse como centro un objeto de anticuario. Ya ni me acuerdo todo lo que puse, pero la de Manucho la armé alrededor del tintero del conde de Artois, que fue Rey de Francia. Por supuesto después se lo regalé…

"*Había un mago que hacía su número con dos perritos. Los hacía saltar por unos aros envueltos en llamaradas y caminar en dos patas. Estaban vestidos, pobrecitos. Uno tenía corbata. Entonces me dieron pena. Y le dije al mago: "Se los compro". Y los amparé*".[12] Contraté hasta policías para prevenir robos, ya que las mujeres en aquel tiempo llevaban joyas muy valiosas. En 1951 di otra fiesta más modesta, donde estuvo presente Ali Khan, apenas casado y ya en vías de divorcio con Rita Hayworth, de paso por el país.

Me enamoré muchas veces de personajes que ni siquiera se enteraban de mi pasión fatal. Sufría en soledad y descargaba mis instintos con marionetas anónimas que accedían a esos favores, ya sea por los beneficios que otorgaban estar a mi lado en ciertas ocasiones o los regalos que yo les hacía. Si pudiera reencarnarme, si me dieran otra oportunidad, creo que elegiría ser actor. Tengo todas las cualidades, memorizo bien, soy un gran intérprete. Quizás algo desestructurado, pero ¿qué artista no lo es? Siempre que puedo recito mis versos preferidos de *Fedra*, de Racine, aquellos en los que Fedra declara su amor a Hipólito. Una vez lo hice en la casa de Silvina Ocampo, Borges estaba ahí y le comentó a Silvina:

—Nunca he visto nada semejante.

Ella le respondió:

—Es normal, ya que sos ciego —. Entonces Borges dijo:

—Nunca he oído nada igual —, a lo que Silvina respondió:

—Es natural, él es un gran actor.[13]

De los objetos de mi colección, el telón se volvió el tesoro más querido. El tamaño tenía una ventaja: no lo perdí, como tantos otros trofeos, ni los regalé como esos objetos que me habían costado tanto y de los que me deshice sin ningún dolor para dárselo a mis amigos más queridos o para alguno de mis acompañantes ocasionales ante la menor insinuación. Bastaba decir:

—Cómo me gusta ese pisapapeles, o...

—Qué hermosa es esa carta —refiriéndose a una escrita por Marcel Proust.

Pero creo que pagué con la razón el delirio de tenerlo.

En 1953 Enrique Álvarez Diosdado, primer actor de la compañía de Margarita Xirgu desde 1935, viajaba a París con un amigo mío y yo les pedí que llevaran el telón a Roma. Me lo habían pedido para exhibir en un homenaje a Picasso. Viajaban en un barco con una bodega inmensa y segura, el *Cap Arcona*, lo que me daba mucha tranquilidad. Ellos accedieron a mi pedido. Volví a La Melchora y le pedí a la peonada abrir el telón. Fue la última vez que lo abrimos en el campo. Ya solo, sentado sobre el telón, me di cuenta que estaba exactamente en la misma posición que ocupaba Pablo Picasso sobre la tela en la foto del grupo de artistas pintando el telón que había visto en el periódico. Era una tarde de verano, el sol se estaba poniendo y una luz mágica iluminó al mono de la tela. Primero sentí un escalofrío, como si de repente una corriente de energía que venía de la tierra me hubiese invadido. Empecé a temblar y a sentir que me ahogaba. Pensé que me iba a morir, me faltaba el aire. Se me bajó la presión y caí desplomado sobre la tela. Me despertaron los peones, me llevaron a mi habitación y me dieron un vaso de agua. Allí me dejaron recostado mientras Ramona, la cocinera, me preparaba una rica comida con unas perdices que Manolo había cazado esa misma tarde en el campo. Una hora después me llamaron para la cena. Bajé al comedor y allí me sirvieron las exquisitas perdices. Una jarra de plata con la salsa que las acompañaba me dejaba ver el reflejo de mi rostro, y atónito presencié sobre ella el cambio de colores de mis mejillas de un pálido blanquecino a un rojo tan vivaz, que tuve miedo de mi propia imagen. Pero no fue solamente esto lo que me sorprendió, sentía como si hubiese entrado en una complicada máquina del tiempo que me transportaba sin escalas a mi infancia en Moreno. Los rostros de Zulema y Luciano se fundían en imágenes de Gasa, Lila y Esvén en un carrusel decorado con perros fantásticos que giraba en mi cabeza. Me tuvieron que llevar nuevamente a mi dormitorio y acostarme como a un niño pequeño, calmándome y prometiéndome que mañana me sentiría mejor.

—Después de todo, el telón viaja para una muestra y vuelve al campo, no hay ningún motivo de preocupación—, dijo uno de los peones y su voz se incorporó a los sonidos que mi alucinación me prodigaba. Yo tenía un extraño presentimiento y temía no volver a ver el telón.

No recuerdo muy bien cómo llegué al cuarto. Y así, un poco entre dormido, decidí hacer una fiesta para despedir a mi tesoro. Tenía que darle una última oportunidad a todo el jet-set porteño de ver el Picasso más grande. Tenía que ser una celebración majestuosa y el telón tenía que estar colgado íntegramente y ser el centro de atención del festejo. ¿Dónde podría hacer semejante recepción? La primera opción que pensé fue el Colón, pero ¿cómo lo conseguía? Después pensé en el Palais de Glaces. Podríamos fijar el telón en el centro del Palais y ocupar solamente la mitad de la construcción. Había que crear una estructura especial para colgarlo, pero todo sería recompensado. Además, el Palais hasta el nombre francés tenía. Mejor aún, si el soporte en vez de ser recto era una sección de círculo podría desplegarse en la circunferencia del Palais y la vista sería apoteótica. Si, esa era la mejor solución.

¡Estaba excitadísimo! Al preparar la lista de invitados, me preguntaba quiénes serían los privilegiados para admirar tan codiciada pieza. Los preparativos me consumieron días y semanas, pero al mes todo estaba organizado. La fiesta se iba a celebrar el 18-5-1953, en el 36avo aniversario del estreno de *Parade*: el telón tenía solamente 4 años más que yo... No se me pasó por alto en aquella fiesta ni el detalle más mínimo. En la puerta del Palais había un comité de recepción, conformado por los ocho personajes que componían el telón. Los trajes los hicimos con mi amiga Ana de Pombo. En el interior el telón, desplegado en toda su magnitud, dejaba sin respiro a los visitantes. En el centro del Palais, sobre una plataforma circular, una inmensa escultura completamente blanca reproducía el caballo alado de la tela con la esfera azul a sus pies. Esta vez no había ningún bocadillo, solamente se servía champagne. Los mozos estaban vestidos como los hombres de negocios del ballet. Pobres, ¡apenas podían moverse! Y había prohibido fumar adentro del Palais, para que no se repitiera la quemadura de una colilla de cigarrillo que descubrí en el telón al poco tiempo de tenerlo. Toda la gente que contaba en la alta sociedad porteña había acudido a la cita. Políticos, artistas, coleccionistas y damas de la sociedad. Los que nadie conocía eran unos gigolós amigos que me secundaban en los proyectos más locos. La música de *Parade*, de 16 minutos, se intercalaba con temas de jazz. Lo que yo había hecho, consciente o no, era ir más allá de la propuesta de Cocteau donde los actores estaban afuera del teatro tratando de hacer entrar al público a la sala. Aquí los actores también estaban afuera, recibiendo a los invitados, pero el público entraba al teatro donde se daba cuenta que la obra no era el ballet, sino el decorado, el telón de Picasso. Y además la fiesta hablaba sobre los límites del coleccionismo, cómo poseer algo tan grande (tanto en sentido de tamaño como de valor), qué significa ser dueño de una obra de arte. ¿Qué aura de poder se apodera de uno al poseer semejante patrimonio?

Los diarios del día siguiente mostraban en las sociales la despedida del telón como el acontecimiento del año. Se podían ver fotografías con descripciones de los modelos de las asistentes. El telón en cambio aparecía como fondo, pero en ninguna foto se podía contemplar en todo su esplendor. El desmontaje no fue tan trabajoso como el armado, pero yo estaba exhausto. Feliz, porque ya podía desprenderme del telón que me había cautivado en la exposición y que durante siete años había marcado un período en mi vida. Me desperté sudando esa noche. Confundido, pensé que era un sueño premonitorio, un adiós del telón como se lo merecía. La mañana llegó y con la despedida en mente me senté en mi escritorio para ver que posibilidades reales tenía de hacerla. Contacté a Diosdado y le pregunté si podía considerar postergar su viaje unas semanas.

—Les jeux sont faits —me contestó apresurado.

Los arreglos estaban hechos y ya no había posibilidades de cambios. Arreglamos el telón tal como lo habíamos recibido siete años antes. No lo quise ver embalado, di las órdenes necesarias para efectuar el transporte y salí a caminar por La Melchora.

Le conté mis penas a los sauces que inmediatamente empezaron a llorar, a los plátanos que se sacudieron al unísono y a los eucaliptus, que al exaltarse me inundaron con el aroma del aceite de sus hojas.

Se fue el telón, como habían también emprendido su viaje lejos de mí las esfinges del siglo XVIII, mi escultura de Rodin, mi biombo Coromandel, la vajilla de Limoges, el óleo de Huet y mis obras sobre papel de Jean Cocteau, Valentine Hugo y Christian Bérard.

Tercera parte

LA VERDADERA HISTORIA

8- El misterio Arturo

Al igual que Mata Hari, el telón pasó a ser ahora un número, AM 3365P, pieza adquirida en 1955 por 11.500 dólares, según Arturo. Hoy forma parte de la colección del Museo de Arte Moderno, que ahora funciona en el Centro Georges Pompidou. En la ficha de la obra no hay información sobre la estadía en Sudamérica, no figura Buenos Aires ni Arturo, solo un vacío en blanco. En el año de la adquisición Picasso seguía activo, filmando un documental con el cineasta Henri-Georges Clouzot. La obra, *El misterio Picasso*, ganó el Premio Especial del Jurado del Festival de Cannes en 1956. Ese mismo año Arturo escribía críticas de espectáculos para la revista Mundo Argentino. Poco a poco, sin que se diera cuenta, su desorden administrativo y la extravagancia de su generosidad causaron estragos. Dice Mujica Láinez en *Invitados en El paraíso*:

> Gastaba el dinero a manos llenas, avanzando por su camino cosmopolita y, lo que es importante, conquistaba también a los argentinos, con sus excentricidades, con sus insolencias, con su simpatía, aun a los más reacios...Sabía de muebles, de cuadros, de libros, de títulos nobiliarios, de parentescos, de foulards, de salsas.[14]

Por primera vez en su vida se vio obligado a trabajar. Entró en Radio Municipal y luego en el Museo de Arte Moderno, cuando funcionaba en el edificio del Teatro San Martín, en Corrientes al 1500. El trabajaba de una manera muy particular: no tenía noción del valor del dinero. Eso sí, a la hora de hacer teatro, se posesionaba y hablaba de reyes de Inglaterra y Francia como si fueran sus iguales.

¿Qué perdió primero Arturo: la razón o la fortuna? O acaso ambas estaban entrelazadas. ¿Fue la tapicería de Santa Teresa que colgaba en el dormitorio de su padre que le contagió el éxtasis en sus cavilaciones? ¿O el silencio que reinaba cada vez que se dirigía a las perdices del campo, a los aromos, los eucaliptos, los paraísos y los cedros? Nadie lo sabe, nadie se acuerda. Todos se divertían oyendo sus historias, medio verdades, medio inventadas. Pero él estaba solo y con esa especie de abandono que él había sabido cultivar, *"esa suerte de éxito en el fracaso realizado con tanta precisión"* [15] según la expresión de su amigo Juan José Hernández. Le preocupaba el paso del tiempo, pero era una inquietud más vinculada a las cosas y los lugares que a los seres humanos. O por lo menos, a él mismo. Y, como su querida Mata Hari, de los lujosos hoteles pasó a los más modestos, como el Lepanto, en Guido entre Callao y Rodriguez Peña, donde compartió habitación junto al irreverente autor y artista plástico Alberto Greco en los años 60. Eran los años en que Arturo tenía un modesto puesto en Radio Municipal. Greco después se fue a España donde se suicidó en 1965. Un día Arturo se vio obligado a tomar a Josefina y Elvira, sus dos amadas esfinges, y correr a la casa de Esmeralda Almonacid para pedirle que se las compre. Finalmente se mudó a un departamento en la Avenida Córdoba entre San Martín y Reconquista, planta baja al fondo a cuatro cuadras de su casa natal. Aquí solo le quedaba una estatuilla de Rodin, una cómoda de laca china, dos jarrones Ming, una edición deslumbrante de las obras completas de Shakespeare, el retrato de Héctor Basaldúa, las obras completas de Dickens y un puñado de amigos. Éstos iban desapareciendo, a medida que comprendían que no podían ayudarlo: Arturo no escuchaba consejos, no quería saber nada acerca de su situación financiera, no le importaba. No perdía ocasión para dejar regalos, generosidad que ostentó hasta el fin de sus días. No podía regalar esmeraldas, pero sí pequeños objetos de lujo, como un clip de Cartier o un pañuelo de Edward & Butler, casi siempre fuera del alcance de quienes lo recibían.

En 1970, cruzando la Avenida del Libertador junto a otras dos personas, un auto los llevó por delante, matando a las otros dos. Arturito llegó a la Clínica Bazterrica donde fue tratado de varias lesiones. Según algunas versiones, una de las mujeres que lo acompañaba era Luisa Sofovich, la viuda de Ramón Gómez de la Serna. Este accidente pudo haber empeorado la frágil salud mental de Arturo. Tal vez después del infortunio fue trasladado al Pabellón 5 del Hogar Martín Rodríguez Viamonte en Ituzaingó, en la periferia de la capital. Quién sabe, quedan varios eslabones sueltos en esta cadena que es la vida de Arturo. En todo caso, la historia se cierra en un lugar vinculado a su niñez, Moreno. Allí encontró su espacio en la biblioteca. Y, como si desconociera su situación financiera, seguía prodigando regalos. ¡Qué triste e inesperado final! Un poco a la manera de Greco, su vida fue una obra de arte. Afortunadamente, al menos para los que pudieron verlo en esta última morada, nunca registró su estado. Con el *Diario* de André Gide y un retrato de Cocó Chanel como tesoros, él continuaba recitando a Racine en francés, aunque en la audiencia nadie entendiera este idioma. Como escribió Mujica Lainez en *Invitados en el Paraíso*: "*había logrado amalgamar, en la vida, los dos mundos, el de las hadas y el del Savoy*".[16]

Gracias, Arturo, por haber sido tan generoso y haber esparcido tanta suntuosidad, brindando minutos de felicidad a tanta gente que, uno tras otro, fueron desapareciendo quizás sin enterarse que el gran benefactor estaba internado en un hogar de indigentes. Tus regalos siempre estaban escondidos, porque al fin de cuentas fuiste un dandi, tu objetivo siempre fue sembrar la duda y cosechaste sólo desengaños. La gente quería saber quién eras, encasillarte en un cajón, pero vos te rehusaste. Entonces te dejaron. No sabemos nada de tus amores, sólo nos llegaron tus fantasías a través de tus obras, donde el polvo del camino, los carruajes, los aromos y los eucaliptus, las estancias y la peonada se mezclan con aires de Gershwin y textos de Julian Green. En *Evocación de La Soledad* construyes tu autorretrato en los labios de una tal tía Teresa diciendo:

> Aunque ligeramente traicionero y afeminado, y recurriendo siempre a gestos cansadamente ingenuos para velar su sagacidad, Arturito era muy superior a sus hermanos, y sus ocurrencias siempre inéditas y casi espirituales, su delicadeza metafórica y su versación en la literatura francesa comprendida entre los años 1800-1930, eludían todas las objeciones que podían hacerse para calificar de sublime un viaje en su compañía.[17]

En esta obra afloran sus fantasías. Allí Narciso Azafalú se transforma en pájaro y en mujer ingiriendo una mágica poción. Luis, un niño que lo espía por la ventana (¿Arturo?), le roba la botella junto a un vestido y una peluca para seducir a su amigo Alberto. Juntos habían compartido la experiencia del cinematógrafo por primera vez. La amistad de los niños se circunscribía a La soledad, la propiedad donde Luis había vivido su infancia, entre avenidas de eucaliptos y plátanos, sauces y aromos, árboles con los que podía comunicarse con facilidad de tanto tiempo que habían permanecido juntos. Cuando los estudios secundarios lo alejaron del campo, lo encontramos pupilo en un colegio religioso. Las cuatro cartas que le escribe a Alberto no obtienen respuestas. Los ojos de Alberto son una obsesión para el desconcertado Luis. Trata de convencerlo para que viaje a la capital diciéndole que le va a enseñar esgrima, pero su amigo sigue sin responder. El tiempo pasa y vemos cómo Alberto se convierte en el administrador de La soledad.

En sus relatos el sexo va siempre ligado al espíritu, como si su formación cristiana lo obligara a hacerlo para evitar el peso de las culpas. Algo parecido sucede en *Un almuerzo sagrado* donde el autor, al comer una perdiz, medita sobre su vida y muerte, aceptando la caza como un medio natural para nutrirse para luego consumar una especie de ceremonia sagrada en la que él se compromete a cumplir un pedido de la perdiz hacia dios en un planteo cósmico que une a toda su obra. El momento de percibir la perdiz en el plato actúa de disparador como la madeleine de Proust, pero aquí no para volver al pasado, sino para aunar en un pacto de redención a la víctima y el verdugo.

En *Esvén* Arturo desarrolla su pensamiento, abriéndolo en varias direcciones. Hay una historia que sirve como eje, el perro que entra a formar parte de la familia instituida, pero a su lado florecen ideas sobre la vida, la muerte y la comunicación entre los seres vivientes, flora y fauna incluidas. Se puede contemplar a una extensa galería de personajes, pero sólo profundiza en el árbol genealógico del exmarido de su madre política, el Pollo Nazares, al que le confiere características divinas (que luego heredan sus hijos) por haber sido alimentado con leche extraída de vacas sagradas. El Pollo es descripto como un eucalipto, con animales entre sus raíces, corazones en su corteza y pájaros en su copa. Al final del libro descubre que el Pollo tenía un perro muy parecido a Esvén (así como había un gran parecido entre su padre y el idealizado Pollo). Luego Esvén y su padre mueren y Arturo queda sin familia.

Para él los ojos son la ventana del alma y además el lugar donde se acumulan los recuerdos. En los ojos de Esvén él puede recordar el campo en el corto período donde la felicidad parecía haber llegado para quedarse.

Uno de los párrafos mas bellos del libro explora sus experiencias cotidianas, donde leía en las formas naturales que lo rodeaban los paisajes y las cosas del mundo entero:

> Porque sin las colas de los cardenales la púrpura del atardecer no me hubiera parecido tan linda, sin el Follies Bergère las nubes no me hubieran parecido suntuosas y teatrales,

sin los palacios de la duquesa de Alba las polvaredas levantadas a lo lejos por carros invisibles de lecheros hubieran sido difícilmente esplendorosas... ¿Qué inconvenientes podían tener los personajes del mundo en ser por unos minutos, no más de tres duraba mi ensueño, animales o flores del campo, si yo les regalaba la paz y la frescura que preludia a la noche? Por eso era feliz, porque sabía que me aprobaban, que eran mis cómplices.[18]

Arturo nos dejó en el año 2003, año en el que la compañía americana the Joffrey Ballet hizo una reposición del ballet *Parade*, (había hecho una en 1973 con escenografía y vestuarios recreados a partir de los diseños de Picasso con Massine como supervisor de la reconstrucción). O sea que el telón ya tiene una copia. Por su parte, el original seguía sus giras: en el 2004 Ottawa y Hong Kong, Metz en el 2012, París en el 2017 y, en su cumpleaños número 100, Roma. Sus dos últimas exhibiciones fueron en las urbes que lo vieron nacer, la viudad luz y la ciudad rterna. El telón de Picasso ha cumplido 103 años y sigue enrollado en el Pompidou, preparado para salir y mostrarse en todo su esplendor en las escasas salas que pueden acogerlo. Dispuesto a provocar las más extrañas reacciones de la gente ante su majestuosa presencia.

9- Habla el telón…

El telón quiso tomar la palabra y yo no se la podía negar, así que a continuación transcribo lo que me dijo:

"Cien años parecen mucho, pero el tiempo pasa velozmente y zas, de repente ya los tienes….

Recuerdo mi nacimiento, viajando entre las dos capitales de Europa que me son más afines, Roma y París. Siento aún los pasos de mis creadores y el calor de los futuristas que ayudaron a mi padre a concretar el proyecto.

Cada trazo, cada pincelada me fueron dando un carácter. Una escena circense es lo primero que llama la atención, aunque luego vemos que algunos de los integrantes pertenecen a un mundo fantástico, el de los personajes dotados de alas. Por eso hay algo tan particular en mí… Al fondo se ve el Vesubio en toda su fuerza y el mar.

Todo era vertiginoso hasta la noche del estreno, el escándalo y todo lo que siguió. De ahí en más mi vida fue tranquila y sin cambios considerables hasta mis veintidós años. Pensé que la exhibición en Buenos Aires iba a ser una más, pero no fue así.

Primero por el viaje, ¡nunca había hecho uno tan largo! Y después por los acontecimientos de dominio público, que hicieron que me quedara allí por mucho más tiempo. Más de una década.

Y un período fundamental en mi vida, donde conocí el aire libre, las pampas argentinas y entablé amistad con un ser muy especial, Arturito, mi mejor amigo. ¡Qué ser tan particular! ¡Qué sensibilidad! ¡Qué hombre tan cultivado! Si hay alguien en este mundo que me ha valorado en todo mi ser, ese fue Arturo.

En América mi vida cambió. Del encierro europeo pasé a la amplitud de la pampa argentina. De la oscuridad del teatro pasé a la luz enceguecedora del sol. De la multitud de la ciudad pasé a la completa soledad del campo. De los cuchicheos del público pasé a escuchar los diálogos de los eucaliptus en la gran avenida de La Melchora. Qué cambio, cuántas cosas nuevas aprendí en el sur…

Pero la felicidad es pasajera y una exposición me devolvió a Roma, mi tierra natal y a la vida cotidiana. Miles de personajes desfilaron ante mí, como en las otras muestras, pero al finalizar la exhibición, un grupo de entendidos quisieron cambiar mi camino. Yo trataba de desentenderme del asunto, pero llegó un momento que me preocupé por mi situación. Estaba en la Scala. ¡Que hermoso teatro! Me levantaron una mañana, entre un montaje de una ópera poco conocida y otro de *Norma*. Desfilaban importantes curadores enviados de museos de diferentes países europeos hasta que alguien, con acento francés, decidió mi futuro. Nadie me consultó si yo quería permanecer a la sombra de los eucaliptus o envuelto en un depósito entre cada exposición. Partí para Francia. París, para ser más exacto. Y volví a las andadas, de exposición en exposición, pero mi corazón quedó en la pampa.

Hoy Arturo ya no está y yo continúo mis viajes. El último a Roma, a festejar mis cien años. ¡Y creo que me queda vida para rato!

Cuarta parte

SECRETOS Y MENTIRAS

10- Pacheco, la Fundación Picasso y Villano

Cuando más indagamos en algún sujeto, más nos damos cuenta de lo poco que sabemos y, además tenemos más dudas sobre la autenticidad de nuestras informaciones. *El telón de Picasso* estaba terminado, pero algo me decía que tenía que esperar. Me faltaba encontrar otras piezas del rompecabezas que estaba tratando de armar. La primera me la dio Marcelo Pacheco, autor de *Coleccionismo de Arte en Buenos Aires*, en su texto *Arturito Álvarez, dandis y coleccionismo* donde afirma que la muestra *La pintura francesa —de David a nuestros días—*:

> incluyó un importante número de piezas prestadas por galerías, anticuarios y marchands que estuvieron a la venta. La exposición cumplió la doble finalidad de presentar el arte francés de los siglos XIX y XX para asegurar su jerarquía sobre cualquier otro modelo en disputa, pero también, fue parte de una operación comercial dirigida al coleccionismo, los museos y las galerías. René Huyghe, curador de la muestra y Curador en Jefe del Museo del Louvre durante sus varios meses en Buenos Aires, estuvo activo ofreciendo piezas del conjunto y obteniendo resultados, como, por ejemplo, las compras de Rafael Bullrich. La AAMNBA (Asociación Amigos del Museo Nacional de Bellas Artes) adquirió para la institución el *Retrato de Diego Martelli*. El Picasso debió ser parte de las ventas de entonces. En la sección "Misceláneas" del *Anuario Plástica 1940*, en el mes de enero, se anunciaba la llegada a Buenos Aires del delegado del Louvre en-

cargado de desmontar la exposición y preparar su regreso a París. El comienzo de la guerra no dejó confinadas las obras en Buenos Aires. Las ventas ya se habían concretado y entregado. No hay indicios para suponer una mecánica diferente para *Parade*. La idea de que permaneciera en la ciudad y su adquisición se concretara en 1946 parece una simple confusión del relato hecho por Arturito 60 años después.

Pacheco profundiza además sobre el carácter de las adquisiciones de Arturo bajo la lupa del coleccionismo:

> El boato imperial y la decadencia de la burguesía francesa estimulaban la sensibilidad y el gusto del hacendado, admirador del mundo perdido del siglo XIX y de sus ilusiones de lujos y felicidades para siempre... Los efectos del gesto desmedido (como la compra del telón n.a.) se leían en competencia por el liderazgo en la cima del prestigio social, por la demostración de fortunas ilimitadas, por el dominio del sistema de símbolos sociales, por la supremacía del poder económico, por imitación y consideración en la alta burguesía internacional, etc... Ni *Parade* ni los Guys ni el Renoir, permiten detectar un proyecto de colección con intenciones y compromisos para intervenir como agente en el territorio cultural porteño... La cadena de cualidades asignadas por (Juan José) Sebreli (en *Historias secretas de los homosexuales en Buenos Aires*) al dandi es una suma

de valores negativos que conduce "naturalmente" a elecciones artísticas "menores". Frivolidad, diletantismo, despreocupación mundana, conocimientos superficiales, esnobismo, gusto por la extravagancia y artificiosidad decadentista, cultura del remate, era una combinación que culminaba en colecciones anecdóticas y artistas de segundo plano. Sin embargo, es necesario diferenciar la acumulación de pertenencias relacionadas con un estilo de vida, un gusto definido por el sistema de consumos que identifica pertenencias relacionadas con una misma "tribu" cultural, con preferencias que los unen y recortan del todo homogéneo que crean los mecanismos de control social, de la actividad del coleccionismo como señal de clase y cuyo sistema simbólico está activando al mismo tiempo, jerarquías de origen y disposiciones deseantes que responden a una orientación sexual. Las colecciones de los dandis porteños de los años 30 y 40 demuestran una realidad competitiva en el campo intelectual, aunque los guiños homosexuales siempre existan bajo el modo de objetos atesorados y bellezas andariegas que son distinciones invisibles para la autoridad mandante de la heterosexualidad.[19]

Por su parte el artista plástico Roberto del Villano, amigo personal de Arturo, me informó que Arturito no fue el primer comprador del telón en Buenos Aires. Alguien lo compró y luego se lo vendió.

El 28 de septiembre de 2017, un día fresco después de tres semanas de verano atrasado en pleno septiembre, recibí por sorpresa la última pieza del rompecabezas (si es que está terminado): un correo electrónico de la Fundación Picasso respondiendo otro que yo había enviado en abril. Quien respondía (el Dr. Carlos Ferrer Barrera, del Centro de documentación) se excusaba ante todo por la demora de la respuesta, problema suscitado porque mi correo había caído en la bandeja de indeseados y recién pudieron verlo un día de "limpieza". Acto seguido, me anexaba un documento con tres páginas de una obra de Gualtieri de San Lazzaro, *Parigi era viva*.

Allí se describían las aventuras del telón en Europa. De hecho, hubo un homenaje a Picasso con muestras en Roma y en el Palacio Real de Milán en el año 1953. Como siempre (como en la muestra de Buenos Aires), el telón no figuraba en los catálogos, quizás por no saber con antelación si podrían disponer de una sala tan amplia y alta como para extenderlo.

Una foto de Paolo Monti que ilustró la reseña del libro *Emilia sulla diga* (Mondadori, 1954) que apareció en el quinto número de la revista *XXe siècle,* nos muestra a la artista y periodista Milena Milani, autora de la obra, sentada arriba del telón de Picasso. La imagen fue tomada en el patio de la famosa *Galleria del Naviglio*, en el número 45 de la Vía Manzoni. Un lugar emblemático para varios artistas del siglo XX y para Lucio Fontana en particular. Pero también se habían exhibido obras de Picasso a inicios de la década que nos ocupa. Lo que más impacta de la foto es que Milena está sobre el telón completamente vestida y, para mi estupor, con los zapatos puestos. En realidad, se trata de una serie de fotografías, ya que en una ella está sola, en otra acompañada del fundador de la *Galleria del Naviglio*, Carlo Cardazzo, y otra más con un tercer acompañante que aún no he podido identificar. Comencé a leer y descubrí que el telón estuvo montado en *La Scala* en 1953, quizás como parte del homenaje a Picasso. Carlo Cardazzo fue (a pesar de haberlo pisoteado) quien se ocupó de que el telón retornara a Francia. En el libro *Parigi era viva*, Gualtieri di San Lazzaro nos cuenta que un tal Silvio (él mismo) negociaba la venta del telón entre un coleccionista argentino y Pablo Picasso. La urgencia de la venta residía en que el argentino amenazaba con recortar el telón porque no estaba dispuesto a construir un edificio para poder exhibirlo entero. Daniel-Henry Kahnweiler, el *art dealer* de Picasso, fue contactado pensando que tal vez Pablo deseara recuperar su obra a cambio de una pintura de pequeño formato. Kahnweiler dijo que no era intención de Picasso recuperar la tela.

Silvio no quería que el telón volviera a Argentina y se apresuró a ofrecerlo a los grandes museos europeos. Un conservador del Louvre se interesó en la obra. Arturo, según estas fuentes, dijo que estaba dispuesto a venderlo, si lo querían completo, por una suma lógica, aunque inalcanzable para los pobres museos franceses. Lloyd, un comprador de obras para museos británicos, viajó a Milán para ver el telón, pero respondió que en Inglaterra no había una galería pública con dimensiones apropiadas para exhibirlo. El siguiente paso fue contactar a Jean Cassou, director fundador del Museo Nacional de Arte Moderno de París, a través del crítico de arte Pierre Courthion que estaba en contacto con Bernard Dorival, curador y conservador adjunto de dicho museo. Por segunda vez se obtuvo un permiso para colgarlo en *La Scala*, a fines de febrero del año 1955, para que Dorival lo pudiera ver en toda su magnitud. Al día siguiente el telón fue enviado a París para ser evaluado por una comisión del Louvre. El viaje tuvo ciertas complicaciones, ya que el telón llegó a París un mes después. En el ínterin, Rockefeller ofreció la suma que desearan para que el telón pasara a engrosar la colección del Museo de Arte Moderno de Nueva York. Pero el telón se quedó en París, donde había nacido y Cassou no escatimó palabras de reconocimiento por haber sido advertido a tiempo del peligro en que se hallaba. Años después el telón partió para Londres para ser exhibido en la Tate Gallery. Viéndolo allí desplegado Mr. Lloyd se arrepintió por no haber considerado la adecuación de una sala en un futuro.

Personalmente no creo que Arturo haya hecho semejante amenaza; quizás el tal Silvio quería asegurarse de que el telón volviera a Europa a cualquier costo e inventó una mentira para apurar la venta.

No lo sé y no creo que haya pruebas de esta hipótesis. Como siempre, hay cosas que restan imprecisas luego de la desaparición física de los protagonistas y solo nos queda manejar suposiciones para tratar de dibujar un recorrido lineal con cierto sentido común en un mundo donde impera el desorden, lo extraordinario y la locura.

Cada vez que aparece una nueva información los interrogantes que se abren son mayores. Creo que si Arturo quiso ser el poseedor del telón fue, entre otras cosas, por su amor al teatro. Porque fue un actor durante toda su vida y necesitaba de un decorado digno de su existencia. Un Picasso, nada más ni nada menos.

Agradecimientos

Hugo Becaccece

Jorge Enrique Cruz

Roberto Del Villano

Carlos Ferrer Barrera

María Florencia Galesio (MNBA, Buenos Aires)

Carolina Moreno (MNBA, Buenos Aires)

Marcelo Pacheco

Julio Rebaque

BIBLIOGRAFIA

Libros

Álvarez, Arturo Jacinto. *Esven*, Buenos Aires: Editorial La Perdiz, 1961.
---. *Un almuerzo sagrado*, Buenos Aires: Editorial La Perdiz, 1948.
---. *Evocación de la soledad*, Buenos Aires: Editorial La Perdiz, 1948.
Bragance, Anne. *Mata Hari: la poudre aux yeux*, Paris : Belfond, 2014.
Gualtieri di San Lazzaro, *Parigi era viva, La capitale dell'arte nel ventesimo secolo*, Firenze: Mauro Pagliai Editori, 2011.
Howells, Bernard, *Baudelaire: Individualism, Dandyism and the Philosophy of History*, Oxford: Routledge, 2017
Marías, Javier. *Mañana en la batalla piensa en mí*, Madrid: Alfaguara, 1994.
Mayer, Martin. *The MET: One hundred years of grand Opera*, New York City: Simon and Schuster, 1983.
Molloy, Sylvia. *El común olvido*, Buenos Aires: Eterna Cadencia, 2011.
Moyano del Barco, Silvia. *Luz era su nombre*, Buenos Aires: Editorial Kraft, 1962.
Mujica Laínez, Manuel. *Invitados en El Paraíso*, Buenos Aires: Editorial Planeta, 1992.
Pacheco, Marcelo. *Coleccionismo de arte en Buenos Aires 1924-1942*, Buenos Aires: El Ateneo, 2013.
Parvis, Aliston, Rand, Peter, Winestein, Anna and others, The Ballets Russes and the art of design, New York City: The Monaceli press, 2009
Richardson, John. *A life of Picasso*, New York: Alfred A. Knopf Publisher, 2007.
Sebreli, Juan José. *Historia secreta de los homosexuales en Buenos Aires*, Buenos Aires: Sudamericana, 1997.

Revistas

Payró Julio. *Exposición de pintura francesa*, revista Sur, septiembre 1939, Año IX, N° 60, Buenos Aires, p. 83

Catálogos de exposiciones

Anne Bertrand & Hervé Gauville, *Parade*, D'une certaine manière éditions, 2012
Catalogue d'exposition sous la direction de Jean Claire, *La Grande Parade*, Gallimard, 2004
Museo Nacional de Bellas Artes, Programa de la exposición *La pintura francesa de David a nuestros días*, 1939
Valéry, Paul. Programa de la exposición *La pintura francesa de David a nuestros días*, Santiago de Chile 1940

Periódicos

Becaccece, Hugo. *Arturito: El príncipe ignorado*, La Nación 29 de enero de 2006
La Prensa, 19 de julio de 1939
La Razón, 18 de julio de 1939
La Vanguardia, 19 de julio de 1939
Moreno, María. *El Rey Arturo*, Página Doce (Suplemento Radar), 20 de octubre de 2002

Videos

Parade. Versión Completa (22:20 min.) de la reposición a cargo de Susanna Della Pietra supervisada por Lorca Massine (hijo de Léonide Massine, el coreógrafo)
https://www.youtube.com/watch?v=YejpJ4kMH_0

Marcelo Donato

Extractos de *Parade* (2:48 min) con el acuerdo de la Administración Picasso
https://www.youtube.com/watch?v=_Chq1Ty0nyE

Ballets Russes, documental producido y dirigido por Dayna Goldfine y Dan Geller, 2006

Notas

¹ Marías, Javier. *Mañana en la batalla piensa en mí*, Madrid: Alfaguara, 2004. Pp. 234-235

² Molloy, Silvia. *El común olvido*, Buenos Aires: Eterna Cadencia Editora, 2011.Pp. 216

³ Barbey d'Aurevilly, Jules. *Baudelaire: Individualism, Dandyism and the Philosophy of History*

⁴ Becaccece, Hugo. "Arturito: El príncipe ignorado", entrevista realizada para La Nación. 29 de enero de 2006

⁵ Mujica Láinez, Manuel. *Invitados en El Paraíso*, Buenos Aires: Editorial Planeta Biblioteca del Sur, 1991. Pp. 19

⁶ Ibíd. Pp. 92

⁷ Becaccece, Hugo. "Arturito: El príncipe ignorado", entrevista realizada para La Nación. 29 de enero de 2006

⁸ Álvarez, Arturo Jacinto. *Esvén*, Buenos Aires: Editorial La Perdiz, 1961. Pp. 42

⁹ Ibíd. Pp. 184-185

¹⁰ Ibíd. Pp. 152-153

¹¹ Valery, Paul. Catálogo de la exposición *La pintura francesa de David a nuestros días*, 1940

¹² Moreno, María. "El rey Arturo", Entrevista realizada para Página 12". 20 de octubre de 2002, Suplemento Radar

¹³ Ibíd.

¹⁴ Mujica Láinez, Manuel. *Invitados en El Paraíso*, Buenos Aires: Editorial Planeta Biblioteca del Sur, 1991. Pp. 209

¹⁵ Moreno, María. "El rey Arturo", Entrevista realizada para Página 12". 20 de octubre de 2002, Suplemento Radar

¹⁶ Mujica Láinez, Manuel. *Invitados en El Paraíso*, Buenos Aires: Editorial Planeta Biblioteca del Sur, 1991. Pp. 95

¹⁷ Álvarez, Arturo Jacinto. *Evocación de La soledad*, Buenos Aires: Editorial La Perdiz, 1948. Pp. 14

¹⁸ Álvarez, Arturo Jacinto. *Esvén*, Buenos Aires: Editorial La Perdiz, 1961. Pp. 95

¹⁹ Pacheco, Marcelo. *Arturito Álvarez, dandis y coleccionismo*

Otras publicaciones de Argus-a:

Víctor Díaz Esteves y Rodolfo Hlousek Astudillo
*Semblanzas y discursos de agrupaciones culturales
on bases territoriales en La Araucanía*

Domingo Adame y Nicolás Núñez
Transteatro: Entre, a través y más allá del Teatro

Yaima Redonet Sánchez
Un día en el solar, expresión de la cubanidad de Alberto Alonso

Gustavo Geirola
*Dramaturgia de frontera/Dramaturgias del crimen.
A propósito de los teatristas del norte de México*

Virgen Gutiérrez
Mujeres de entre mares. Entrevistas

Ileana Baeza Lope
Sara García: ícono cinematográfico nacional mexicano, abuela y lesbiana

Gustavo Geirola
Teatralidad y experiencia política en América Latina (1957-1977)

Domingo Adame
Más allá de la gesticulación. Ensayos sobre teatro y cultura en México

Alicia Montes y María Cristina Ares (compiladoras)
Cuerpos presentes. Figuraciones de la muerte, la enfermedad, la anomalía y el sacrificio.

Lola Proaño Gómez y Lorena Verzero / Compiladoras y editoras
Perspectivas políticas de la escena latinoamericana. Diálogos en tiempo presente

Gustavo Geirola
Praxis teatral. Saberes y enseñanza. Reflexiones a partir del teatro argentino reciente

Alicia Montes
De los cuerpos travestis a los cuerpos zombis. La carne como figura de la historia

Lola Proaño - Gustavo Geirola
¡Todo a Pulmón! Entrevistas a diez teatristas argentinos

Germán Pitta Bonilla
La nación y sus narrativas corporales. Fluctuaciones del cuerpo femenino en la novela sentimental uruguaya del siglo XIX (1880-1907)

Robert Simon
To A Nação, with Love: The Politics of Language through Angolan Poetry

Jorge Rosas Godoy
Poliexpresión o la des-integración de las formas en/desde **La nueva novela** *de Juan Luis Martínez*

María Elena Elmiger
DUELO: Íntimo, Privado, Público

María Fernández-Lamarque
Espacios posmodernos en la literature latinoamericana contemporánea: Distopías y heterotopíaa

Gabriela Abad
Escena y escenarios en la transferencia

Carlos María Alsina
De Stanislavski a Brecht: las acciones físicas. Teoría y práctica de procedimientos actorales de construcción teatral

Áqis Núcleo de Pesquisas Sobre Processos de Criação Artística Florianópolis
Falas sobre o coletivo. Entrevistas sobre teatro de grupo

Áqis Núcleo de Pesquisas Sobre Processos de Criação Artística Florianópolis
Teatro e experiências do real (Quatro Estudos)

Gustavo Geirola
El oriente deseado. Aproximación lacaniana a Rubén Darío.

Gustavo Geirola
Arte y oficio del director teatral en América Latina. Tomo I México - Perú

Gustavo Geirola
Arte y oficio del director teatral en América Latina. Tomo II. Argentina – Chile – Paragua – Uruguay

Gustavo Geirola
Arte y oficio del director teatral en América Latina. Tomo III Colombia y Venezuela

Gustavo Geirola
Arte y oficio del director teatral en América Latina. Tomo IV Bolivia - Brasil - Ecuador

Gustavo Geirola
Arte y oficio del director teatral en América Latina. Tomo V. Centroamérica – Estados Unidos

Gustavo Geirola
Arte y oficio del director teatral en América Latina. Tomo VI Cuba- Puerto Rico - República Dominicana

Gustavo Geirola
Ensayo teatral, actuación y puesta en escena. Notas introductorias sobre psicoanálisis y praxis teatral en Stanislavski

Argus-*a*
Artes y Humanidades / Arts and Humanities
Los Ángeles – Buenos Aires
2020

www.ingramcontent.com/pod-product-compliance
Lightning Source LLC
Chambersburg PA
CBHW020434220526
45464CB00002B/693